Elina Sistonen

Meine Katze macht was sie will

Mit Fotos bekannter Tierfotografen

Zeichnungen: György Jankovics

INHALT

T Y P I S C H KATZE

- Gesellige Einzelgängerin.
- Schmusekatze und wilder Tiger zugleich.
- Jagen gehört zu ihrer Natur.
- Scharfe Krallen zum Beutefang, aber auch zur Markierung des Reviers.
- Klettert geschickt und gelenkig.
- Verbringt Zweidrittel des Tages mit Schlafen und Dösen.
- »Spricht« mit Laut- und Körpersprache.
- Benutzt Duftsignale zur Verständigung.
- Ist sehr verspielt und braucht vielfältige Beschäftigungsmöglichkeiten.

Der Stammvater unserer Katze ist die nordafrikanische Falbkatze oder Kaffirkatze *(Felis silvestris lybica)*. Wann und wie diese mit dem Menschen zusammen kam, ist unklar. Nach der bekanntesten Theorie gelang es den Ägyptern vor rund 4000 Jahren, die dortige Wildform der Katze zu zähmen und als Beschützerin der von Ratten und Mäusen heimgesuchten Kornkammern einzusetzen. Höchstwahrscheinlich suchten die Katzen die Menschensiedlungen selbst auf, um von der reichhaltigen Beute zu profitieren, und die Menschen duldeten sie. So gewöhnten sie sich aneinander, wobei die Katzen aber relativ selbstständig blieben – im Gegensatz zu allen anderen Haustieren, die vom Menschen zur Ausführung bestimmter Aufgaben und Tätigkeiten gezielt gezüchtet und trainiert wurden.

ENTSCHEIDUNGSHILFEN

1 Katzen haben Grundbedürfnisse, die zu erfüllen viel Zeit in Anspruch nimmt (→ Seite 9).

2 Katzen brauchen das Verständnis des Menschen, der dafür ihre Sprache und Verhaltensweisen kennenlernen sollte.

3 Katzen müssen als Katzen akzeptiert werden und dürfen kein Kinderersatz sein.

4 Katzen lassen sich nicht wie Hunde trainieren und haben ihren eigenen Kopf – das sollte man akzeptieren.

5 Die Erziehung von Katzen erfordert viel Geduld und Konsequenz (→ Seite 21).

6 Katzen leben zu zweit besser, da sie die Gesellschaft ihrer Artgenossen brauchen. Wichtig ist, dass beide zusammen passen (→ Seite 32).

7 Das Leben mit Katzen hat seinen Preis, einmal abgesehen von der Anschaffung einer Rassekatze. Hochwertige Nahrung, regelmäßige Impfungen, Gesundheitschecks und eine qualitative Ausstattung kosten Geld.

8 Katzen kümmern sich nicht um teure Einrichtungsgegenstände und empfindliche Blumendekorationen. Sie machen Unordnung und öfter auch Schmutz.

9 Bei langen Abwesenheiten »ihres« Menschen, bedingt durch Arbeit oder Urlaub, leiden Katzen sehr. Haben Sie jemand, der in dieser Zeit Ihre Katze betreuen kann (→ Seite 57)?

10 Wenn Sie andere Haustiere haben, sollten diese mit einer Katze möglichst gut zusammen passen (→ Seite 33 und 34).

Erklärung der Katzenrechte

Eine Katze ist nicht nur ein angenehmer Hausgenosse oder lustiger Spielkamerad. Sie hat auch Rechte, die es zu beachten gilt.

✔ Eine Katze möchte artgemäß gehalten werden. Sie ist kein Hund, den man dressieren und zu absoluter Gehorsamkeit erziehen kann.

✔ Eine Katze möchte nicht gegen ihren Willen festgehalten oder zu irgendetwas gezwungen werden.

✔ Eine Katze möchte nie ohne Vorwarnung angefasst oder hochgehoben werden, vor allem nicht, wenn sie schläft.

✔ Eine Katze möchte an ihrem Futterplatz, in ihrem Toilettenbereich und ihrem Körbchen unbehelligt sein.

✔ Eine Katze darf sich gegen ungeschickte Behandlung mit ihren Krallen wehren.

✔ Eine Katze darf kratzen und beißen, wenn sie geschlagen oder ihre Nase in Exkremente getunkt wird.

✔ Eine Katze möchte nicht ausgelacht oder angestarrt werden.

✔ Eine Katze möchte von Anfang an sanft, aber konsequent die Hausregeln beigebracht bekommen, damit sie sich so verhalten kann, wie wir es wollen.

✔ Eine Katze hat das Recht auf Liebe und Zuwendung, wenn sie es will, genauso wie auf Rückzug und Ungestörtsein in ihrer Privatsphäre.

VERHALTENSWEISEN DER KATZE

Die Hauptaufgabe der Katze war schon immer die Mäusejagd. Sie wurde niemals für etwas anderes trainiert oder gezielt gezüchtet und ist deshalb auch heute noch das genaue Ebenbild ihrer wilden Vorfahren in Afrika. Dies ist die Basis für das richtige Verständnis ihrer Grundverhaltensweisen.

Die Ansprüche der Katze

Eine Katze ist dann glücklich und ausgeglichen, wenn sie ungestört ihren Beschäftigungen nachgehen kann. Diese unterscheiden sich nur wenig von denen, die ihr in der freien Wildbahn eigen sind. Jede Katze beansprucht für sich ein Revier, das aus mehreren Zonen besteht.

Die erste Zone ist die »Privatsphäre« der Katze. Dort verbringt sie den größten Teil des Tages, nämlich etwa Zweidrittel, mit Schlafen und Dösen, Sitzen, Beobachten und Putzen. Es ist ein Ort, der nur ihr allein gehört und wo sie jederzeit ungestört ruhen kann.

Die zweite Zone ist die soziale Zone. Hier finden alle weiteren Aktivitäten statt wie Jagen, Essen, Revierinspizieren und Kontakte zu Artgenossen pflegen. Entgegen vielen Vorurteilen sind Katzen gesellige Tiere. In der Natur suchen sie den Kontakt zu anderen Katzen und bilden Gruppen. Sie jagen zwar allein, aber in einem Gemeinschaftsrevier treffen sie sich, raufen miteinander, spielen oder putzen sich. Das Zusammenleben wird durch eine Rangordnung geregelt, auch wenn es bei Katzen nicht so streng hierarchisch zugeht wie etwa bei Hunden.

Die dritte Zone ist die Nachbarschaft, in der die Katzen sich kennen und sich meistens tolerieren. Ortsfremde Katzen hingegen werden gnadenlos – oft gemeinsam – weggejagt.

Im Zusammenleben mit dem Menschen bleibt die Katze ihren Gewohnheiten treu. Damit es ihr bei uns gut geht, sollten wir in Haus oder Wohnung ihren natürlichen Lebensraum rekonstruieren, das heißt, die Atmosphäre der freien Wildbahn schaffen. Dazu gehört

- ✔ eine abwechslungsreiche Umgebung mit vielen Klettermöglichkeiten,
- ✔ mehrere Versteck- und Schlafplätze,
- ✔ vielfältige Spielmöglichkeiten und katzengerechtes Spielzeug,
- ✔ artgerechte, hochwertige Katzennahrung,
- ✔ ein katzengerechtes Plätzchen, um in Ruhe das Geschäft zu erledigen
- ✔ und geeignetes Material zum Kratzen und Krallenpflegen.

Wenn Sie Ihrer Katze noch die Aufmerksamkeit, Zeit und Pflege schenken, die sie täglich benötigt, wird sie sich rundum wohl fühlen und es Ihnen ihr Leben lang mit Zuneigung und Anhänglichkeit danken.

Jede Katze braucht ein Revier, das sie ganz ihr eigen nennen darf – auch in der Wohnung.

TIPP

Richtig Hochheben und Tragen

Einfach von hinten kommen und die Katze ohne Vorwarnung hochheben ist grob. Vielmehr sollten Sie sich Ihrer Katze so nähern, dass sie Sie sieht, freundlich mit ihr sprechen und sie ein paarmal streicheln. Dann greifen Sie mit der einen Hand unter den Brustkorb, mit der anderen unter Hinterpfoten und Hinterteil. Dieses muss immer unterstützt werden. Die Pfoten nicht festklemmen – das hassen die meisten Katzen. Wenn Sie Mieze leicht gegen Ihre Brust lehnen, gibt ihr das ein zusätzliches Sicherheitsgefühl. Nie dürfen Sie sie am Nackenfell oder an den Pfoten hochheben. Nur die Katzenmutter weiß ihre Jungen richtig zu packen, damit diese in die Tragestarre verfallen.

Entwicklungsphasen

Die ersten sechs Monate prägen das Leben einer Katze entscheidend. In der Natur lernt sie in dieser Zeit alles, was für ihr weiteres Überleben notwendig ist. Positive und negative Erfahrungen, die sie während dieser Phase macht, haben weitgehenden Einfluss auf Wesen und Charakter. Besondere Katzen hatten also besondere Mütter, die sich ausgiebig um ihren Nachwuchs kümmerten. Im Zusammenleben mit dem Menschen übernimmt nach der Ablösung von Mutter und Geschwistern dieser die Rolle des Schmuse- und Spielpartners. Deswegen ist es wichtig, dass sich das Vertrauen der Katzenmutter zu »ihrem« Menschen auch auf ihre Kinder überträgt, denn das ist die Basis für die spätere Bindung des Kätzchens an Sie.

Prägungsphase

Katzen können zwar ihr Leben lang lernen und trainiert werden, doch bestimmte Dinge eignet sich das Kätzchen nur in der Phase der Prägung an. Diese besteht aus drei Teilen: die prenatale Phase (Zeit vor der Geburt), die neonatale Phase (Geburt bis 2 Wochen) und die Phase der Sozialisierung (2 bis 7 Wochen).

In der prenatalen Phase spielt die Ernährung der Katzenmutter eine entscheidende Rolle. Wurde diese mit minderwertigem Futter gefüttert, das wenig für den Körper verwertbares Eiweiß enthält, zeigen die Kätzchen meist ein viel schlechteres Lernvermögen und reagieren ängstlicher, aggressiver und antisozialer anderen Katzen gegenüber als diejenigen, deren Mutter hochwertige Nahrung bekam.

In der neonatalen Phase, den ersten beiden Lebenswochen, ist die Katzenmutter die zentrale Figur. Katzenbabies kommen zwar blind und taub auf die Welt, verfügen jedoch über einen ausgezeichneten Geruchssinn, mit dem sie die Mutter und auch den Menschen erkennen. In dieser äußerst sensiblen Phase findet die eigentliche Prägung statt. Deswegen ist der Kontakt mit dem Menschen von Anfang an sehr wichtig.

In der Phase der Sozialisierung (2 bis 7 Wochen) bringt die Mutter ihren Kätzchen alles das bei, was sie als erwachsene Katzen brauchen. Kätzische Verhaltensformen, die sie bis zum Alter von etwa 10 Wochen nicht gelernt haben, lernen sie nie mehr. Deshalb dürfen sie nicht vorher von der Mutter getrennt werden, um sicher zu gehen, dass diese wertvolle Entwicklungsphase abgeschlossen ist. Auch Sie sollten in dieser Zeit den Kätzchen viel Aufmerksamkeit widmen. Nach Untersuchungen lernen solche gut umsorgten Tiere schneller, sind weniger ängstlich und entwickeln ein gesundes, starkes Selbstbewusstsein.

Flegelalter

In dieser Phase (3. bis 6. Monat) werden die Spielregeln für ein harmonisches Zusammenleben zwischen Katze und Mensch festgelegt. Denn Teenager, seien sie nun Mensch oder Katze, probieren aus, wie weit sie gehen dürfen. Genauso wie eine frei laufende Katze hat auch eine Wohnungskatze ein Revier; die Grenzen sind hier die »verbotenen« Orte. Esstisch und Herd bieten sich als Tabuzonen geradezu an. Es dürfen nur nicht zu viele sein; das würde den Lebensraum der Katze zu sehr einengen (→ Erziehung ist notwendig, Seite 21).

Hinweis: Zwischen dem 6. und 12. Lebensmonat tritt die Geschlechtsreife ein. Von da an steuert der Sexualtrieb das Leben der Katze, das heißt, natürliches Verhalten wie Urinmarkieren können Sie nicht verbieten beziehungsweise »wegtrainieren«. Unkastrierte Katzen essen schlecht, sind ruhelos, streunen und leiden sehr unter Liebeskummer.

Deshalb sollte jede Katze, mit der nicht gezüchtet wird, kastriert werden (→ Tipp, Seite 42).

Erwachsenenalter

Die erwachsene Katze (ab 1 Jahr) kann man als gesellige Einzelgängerin charakterisieren. Gerne pflegt sie den Umgang mit Mensch und Artgenossen, doch sie geht allein auf die Jagd und braucht auf jeden Fall ihr privates Revier, wie klein es auch sein mag. Die Phase des Erwachsenseins umfasst etwa acht Zehntel eines Katzenlebens, und meist können Sie sich in dieser ganzen Zeit an einem kraftvollen, vitalen Tier erfreuen. Voraussetzung ist, dass Sie Ihre Katze mit hochwertigem Futter ernähren, mit ihr spielen, schmusen und sie zur rechten Zeit ihrer Wege gehen lassen.

Die alte Katze

Wann die Katze alt wird, ist sehr individuell. Wird sie gut gepflegt und ernährt, liegt ihre Lebenserwartung in der Regel bei 16 Jahren. Wenn Mieze mit dem Altwerden begonnen hat, mag sie nicht mehr so gern spielen, schläft noch mehr als früher, und ihr Bedürfnis nach Wärme ist sehr groß. Wurde sie ihr Leben lang beschäftigt, bleibt sie auch im Alter lange geistig fit.

Alte Katzen leiden oft unter Gelenkbeschwerden und können nicht mehr so gut

Die Kunst des Jagens lernt das Katzenkind von der Mutter durch Zuschauen.

laufen oder klettern. Stellen Sie deshalb mehrere gut zugängliche Toiletten auf, mit niedrigen Seitenwänden und ohne Haube. Befindet sich ihr Lieblingsplatz oben auf einem Schrank, sorgen Sie für »Stufen«, damit sie ihn weiterhin gut erreichen kann.
Auch das Hörvermögen lässt oft nach. Viele alte Katzen fangen nachts zu miauen an, weil sie aufwachen und desorientiert sind oder glauben, sie seien allein gelassen. Dann sollten Sie beruhigend mit dem Tier sprechen.
Jede Veränderung in Charakter oder Verhalten ist ein Anlass, zum Tierarzt zu gehen. Denn oft steckt ein gesundheitliches Problem dahinter. Wenn eine alte Katze gereizt und aggressiv ist, weist das meist auf Schmerzen hin.

Halblanghaarkatzen sind gesellig, aktiv und neugierig.

Unterschiede der Katzenrassen

Bevor Sie sich eine Rassekatze anschaffen, ist es ratsam, sich mit den charakteristischen Eigenschaften der verschiedenen Katzenrassen vertraut zu machen. Dann können Sie das Tier wählen, das am besten zu Ihnen und Ihrer Familie passt, damit das Zusammenleben möglichst reibungslos wird. Hinzu kommt, dass jede Katze ihr ganz eigenes Wesen entwickelt.
Deshalb sollten Sie den Züchter oder Vorbesitzer auch über die individuelle Persönlichkeit des ins Auge gefassten Tiers befragen.

<u>Die aktive Katze</u> ist selbstsicher, verspielt und neugierig. Sie nimmt alles auf die leichte Schulter und versteht sich auch gut mit anderen Katzen. Sie braucht Gesellschaft, viel Platz zum Herumtoben und vor allem Klettermöglichkeiten. Rassen dieser Art sind Norwegische Waldkatze, Maine Coon, Sibirische Katze, Türkisch Angora, Ragdoll, Birma und Burma. Sie passen gut zu aktiven jungen Leuten oder Kinderfamilien.

<u>Die soziale Katze</u> ist ausgeglichen, freundlich und braucht den Kontakt zu anderen Katzen. Nichts bringt sie aus der Ruhe, sie überstürzt aber auch nichts. Zu diesen gemütlichen Gesellen, die gern schmusen, gehören Perser, Exotisch Kurzhaar, Britisch Kurzhaar und Kartäuser. Sie passen gut zu Familien mit größeren Kindern, zu älteren Leuten und generell zu Menschen, die die Ruhe lieben.

<u>Die ängstliche Katze</u> ist sehr zurückhaltend und versteckt sich. Sie beobachtet erstmal ihre Umgebung sehr genau, bevor sie etwas unternimmt. Sie ist ausgesprochen schüchtern und hat wenig Selbstvertrauen. Nur katzenerfahrene, ausgeglichene Menschen mit viel Zeit, Geduld und Ausdauer sollten eine solche Katze adoptieren. Doch wenn sie ihr Vertrauen gewonnen haben, werden sie mit großer Anhänglichkeit belohnt. Extreme Ängstlichkeit ist nicht rassetypisch, sondern entsteht aufgrund schlechter Erfahrungen.

<u>Die Diva-Katze</u> ist der absolute Mittelpunkt, egal wo sie auftaucht. Sie braucht ihr Publikum, ist kapriziös, gesprächig und temperamentvoll, dazu sehr liebenswert und verschmust. Hinzu kommt ein leichter Hang zum Herrschen. Sie passt zu Menschen, die Aktion und stürmische Schmuseeinheiten lieben und strapazierfähige Nerven haben. Dazu gehören Abessinier, Somali, Siam, Orientalisch Kurzhaar, Russisch Blau und Rex.

Checkliste
Bei der Auswahl beachten

1 Das Verhalten der Mutterkatze dem Menschen gegenüber sollte vertrauensvoll sein. Denn sie überträgt es auch auf ihre Jungen.

2 Das Kätzchen sollte munter und verspielt erscheinen, Ihnen mit Neugier begegnen und daran gewöhnt sein, sich vom Menschen behandeln und kämmen zu lassen.

3 Ein krankes oder schlecht gepflegtes Kätzchen hat ein struppiges oder verfilztes Fell, verschmutzte Ohren, tränende Augen, eine laufende Nase, entzündetes Zahnfleisch und einen verklebten After.

4 Eine Rassekatze muss über einen Stammbaum verfügen, der von einem anerkannten Rassekatzenverein ausgefertigt wurde.

5 Ein guter Züchter hält seine Katzen in der Wohnung und gibt die Jungen erst im Alter von 12–14 Wochen vollgeimpft mit einem tierärztlichen Gesundheitsattest und schriftlichem Kaufvertrag ab.

Körpersprache

Die Katze verfügt über ein reichhaltiges Vokabular, um ihre Gemütsverfassung auszudrücken. Das Zusammenspiel aus Bewegungen und Haltungen wird von den Gesten des Schwanzes unterstrichen und von der Mimik ergänzt. Ohren, Augen, Lippen und Tasthaare geben der jeweiligen Stimmung der Katze einen charakteristischen Gesichtsausdruck. Am deutlichsten ist die Sprache der Ohren. Sie sind sehr beweglich und können aufgestellt, weggeklappt und nach allen Seiten gedreht werden. Oft ist die Mimik recht unauffällig und wird vom Katzenbesitzer nicht wahr genommen.

Markierungssprache

Katzen kommunizieren untereinander mit Duft- und Kratzsignalen. Sie markieren mit Urin und Kot, ihren Krallen und den Duftdrüsen, die sich zwischen den Zehen, an den Wangen, unterm Kinn und am Schwanzansatz befinden. An gekratzten Objekten hinterlassen sie sowohl sichtbare Spuren als auch ihren Duft. Gern kratzen sie, wenn jemand zuschaut, weil sie demjenigen imponieren wollen. Und an Ihrem Bein reibt sich Mieze, um ihre Duftmarke daranzusetzen.

Eine kastrierte Hauskatze, die sich sicher fühlt und keine Konkurrenz hat, geht brav auf ihr Katzenklo und verscharrt ihre Hinterlassenschaften. Eine unsichere Katze hingegen setzt Kot an möglichst auffallenden Stellen offen ab, um ihr Revier zu kennzeichnen. Unkastrierte Katzen markieren vor allem mit Urin (Harnsprühen). Beliebte Stellen im Haus sind Türen und Türrahmen, Fensterstöcke sowie alle neuen Gegenstände. Typisch fürs Markieren ist, dass immer wieder die gleichen Stellen aufgesucht werden. Dagegen hilft nur Kastrieren.

Nase an Nase begrüßen sich Katzen, die miteinander vertraut sind.

Lautsprache

Die Lautsprache begleitet die verschiedenen Stimmungen der Katze mit Tönen. Mit Schnurren drückt sie Wohlbehagen aus, aber auch Beruhigung, wenn sie Angst hat. Miauen und Gurren ertönt in allen Lebenslagen; Schnattern gibt sie von sich, wenn sie eine unerreichbare Beute beobachtet. Fauchen und Knurren sind Warn- und Drohlaute. Kreischen wird in größter Bedrängnis oder nach einer Begattung ausgestoßen, und mit Heulen ist Kampf angesagt.

Katzensprache auf einen Blick

Körpersprache	Mimik	Lautsprache	Bedeutung
Sitzt mit über die Pfoten oder nach hinten gelegtem Schwanz oder steht und hält den Schwanz bewegungslos nach unten. Fell liegt glatt. (1)	Ohren nach vorne oder leicht nach außen. Augen ruhig oder blinzelnd, Pupillengröße normal.	Keine.	Ruhig, entspannt.
Kopf erhoben. Schwanz aufgerichtet. (2)	Ohren nach vorne gerichtet. Augen wach und weit auf.	Miauen, Gurren.	Freundliche Begrüßung.
Streicht um die Beine; zuckt leicht mit dem Rücken; gibt Köpfchen. Schwanz hoch. (3)	Ohren gespitzt nach vorne. Augen groß und rund.	Miauen, Schnurren.	Freudige Erwartung, zum Beispiel aufs Futter.
Gespannt. Schwanzspitze zuckt.	Ohren nach vorn, gespitzt. Augen groß und rund.	Maunzen oder keine Lautsprache.	Höchste Aufmerksamkeit.
Leicht gebückte Haltung. Fell sträubt sich an Rücken und Schwanzansatz. (4)	Ohren nach hinten gedreht. Pupillen verengt.	Knurren, Fauchen, Heulgesang.	Angriffslustig. Warnung.
Katzenbuckel. Rückenhaare gesträubt. (5)	Ohren seitlich weggeklappt. Pupillen weit geöffnet.	Fauchen.	Abwehrbereit, verärgert. Kann gleich schlagen oder beißen.
Etwas geduckte, schleichende Haltung. Haare am Körper gesträubt. Schwanz peitscht hin und her.		Kreischen.	Abwehr geht in Angriff über.

DOLMETSCHER

Wenn Sie Ihre Katze verstehen wollen, müssen Sie die Verhaltensweisen Ihres Tieres richtig deuten können.

Dieses Verhalten zeigt meine Katze.

Was drückt meine Katze damit aus?

So reagiere ich richtig auf ihr Verhalten!

Katze spielt mit Spielzeugmaus.

Sie zeigt typisches Jagdverhalten.

Halten Sie katzengerechtes Spielzeug für sie bereit.

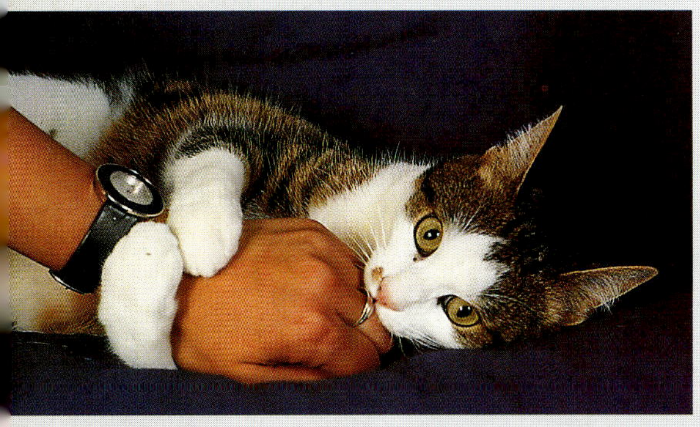

Katze krallt und beißt in die Hand.

Die Hand ist für sie ein Beuteersatz.

Lenken Sie die Katze mit Spielzeug von Ihrer Hand ab.

Das Kätzchen beobachtet etwas, ist ganz Auge und Ohr.

Aufmerksamkeit und Interesse.

Stören Sie es jetzt nicht.

Der Kater macht einen Buckel und sträubt sein Fell.

Er zeigt Angriffslust. Warnung!

Versuchen Sie nicht, den Kater anzufassen.

Katze kratzt am Baum und reckt sich dabei.

? Sie will mit dieser Haltung imponieren.

! Loben Sie Ihre Katze.

Katze liegt entspannt auf der Seite und gähnt.

? Sie ruht sich aus und fühlt sich wohl.

! Jetzt dürfen Sie sie streicheln.

atze faucht, Pupillen sind riesengroß.

? Sie ist sehr gereizt.

! In Ruhe lassen, besänftigend zureden.

Katze hat einen mürrischen Gesichtsausdruck.

? Ihr ist etwas Unangenehmes widerfahren.

! Nicht anfassen, mit Spielzeug ablenken.

Leicht gebückte Haltung, große Augen, Ohren nach hinten.

? Die Katze ist verängstigt.

! Sprechen Sie sanft und beruhigend mit ihr.

Was die Katze braucht

✔ Gemütliche Schlafplätze und Verstecke in verschiedenen Höhen. Privatplätze, auf die sie sich zurückziehen kann und in Ruhe gelassen wird, wenn sie will.
✔ Geeignete Kratzbäume oder -bretter.
✔ Wenigstens 2 Katzenklos und Streu (→ Kasten).
✔ Futter- und Wassernäpfe aus Glas, Keramik, Porzellan oder Edelstahl. Kein Plastik, gibt Futter und Wasser einen unangenehmen Geschmack.
✔ Richtige Utensilien für Körper- und Fellpflege (je nach Rasse und Fellstruktur).
✔ Anregendes Spielzeug (→ Seite 30/31).
✔ Hochwertige Nahrung.
✔ Viel Zeit und Zuwendung.

Die Wohnung katzensicher machen

Bevor ein Kätzchen zu Ihnen kommt, sehen Sie sich die Wohnung aus kätzischer Sicht an. Alles, was für Kinder gefährlich ist, gilt im Grunde auch für Kätzchen:
✔ Elektrokabel, giftige Pflanzen, Putzmittel und andere Chemikalien verstauen.
✔ Kleinzeug aus den Regalen entfernen.
✔ Garn, Nadeln, Gummi nicht herumliegen lassen.
✔ Lange Gardinen aus feinen Textilien sowie Tischtücher entfernen.
✔ Gefährliche Verstecke wie leere Vasen abdecken, Spalten hinter und unter Möbelstücken verkleiden. In Waschmaschinentrommeln, Schubladen und Schränken vor dem Schließen nachschauen.
✔ Balkone und Kippfenster mit Gitter sichern.

Die richtige Streu

Was Ihrer Nase angenehm ist, muss nicht unbedingt auch für Ihre Mieze gelten. Bedenken Sie also, dass für viele Katzen parfümierte Streusorten unerquicklich oder gar ungesund sind. So können manche Zusätze (zum Beispiel auf Talkumbasis) gesundheitsbedenklich sein. Wählen Sie Ihrer Katze zuliebe eine Streu, die aus feinkörnigem und vor allem reinen Naturton besteht und Klumpen bildet.

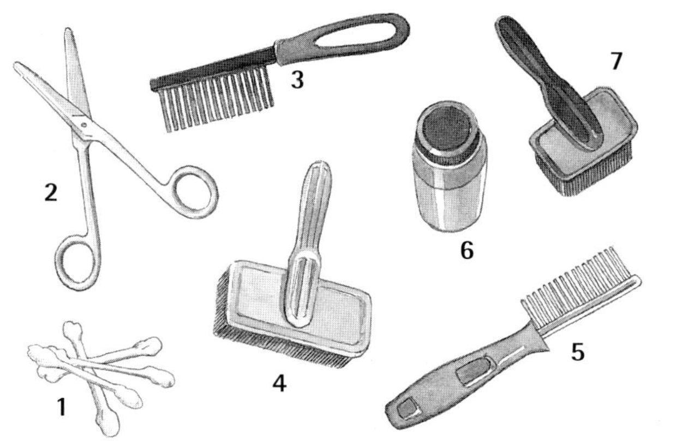

Pflegeutensilien aus dem Fachhandel: Wattestäbchen (1), Schere mit abgerundeten Spitzen (2), mittelfeiner Kamm (3), Slickerbürste (4), Kamm mit routierenden Zähnen (5), Pflegeöl zur Ohrenreinigung (6), weiche Bürste (7).

Drei Tipps für die Eingewöhnung

1. Alles, was die Katze braucht, schon vor ihrer Ankunft anschaffen und ins Eingewöhnungszimmer stellen: Kratzmöbel neben den Schlafplatz, Futter- und Wassernäpfe auf verschiedene Plätze und weit weg vom Klo, Lieblingsspielzeug.
2. In den ersten 3–4 Wochen Futter und Streu verwenden, die die Katze kennt (beim Züchter oder Vorbesitzer fragen). Eine Umstellung bedeu-

tet immer Stress, deshalb die Katze erst, nachdem sie sich eingelebt hat, an neues Futter und andere Streu gewöhnen.

3. Vorher überlegen, was die Katze darf beziehungsweise nicht darf (zum Beispiel auf den Esstisch springen), und von Anfang an konsequent bleiben. Lassen Sie ihr keine Möglichkeit, sich schlechte Angewohnheiten anzueignen – Vorbeugen ist immer leichter als Abgewöhnen. Gewisse Grenzen sind wichtig, aber nicht zu viele Verbote.

✔ In den ersten Tagen keine laute Musik spielen. Kinder sollten sich möglichst ruhig verhalten.

Hinweis: Respektieren, dass die Katze sich zurückzieht oder versteckt. Sobald sie begriffen hat, dass Sie sie beschützen, gewinnt sie Vertrauen.

So eingerichtet entspricht das Zimmer den Bedürfnissen einer Katze.

Der erste Tag

✔ Den Neuankömmling an einem Tag abholen, an dem Sie genügend Zeit für ihn haben. Den Transporter ins »Katzenzimmer« stellen und die Tür öffnen. Die Katze soll selbst herauskommen und den neuen Ort in Ruhe inspizieren.

✔ Nach einer Weile setzen Sie sich auf den Fußboden und locken sie mit ihrem Namen. Langsam die Hand entgegenstrecken, damit sie sie beschnuppern kann. Kommt sie zu Ihnen, vorsichtig streicheln und freundlich mit ihr sprechen. Nicht aufdrängen.

✔ Sobald sie sich in ihrem neuen Revier wohl fühlt, die übrigen Räume begutachten lassen.

Die erste Nacht

Die Katze darf nicht mit im Bett schlafen.

Schenken Sie ihr am ersten Abend viel Aufmerksamkeit, und schmusen Sie mit ihr. Danach ruhig im Zimmer zurücklassen und Tür schließen. Ignorieren, wenn sie weint und an der Tür kratzt. Je schneller sie versteht, dass nachts geschlafen wird, desto besser für Sie alle. Konsequent bleiben: Nicht ein einziges Mal dürfen Sie nachgeben, denn eine Katze versteht nicht, warum ein Mal und ein anderes Mal nicht.

Die Katze darf mit im Bett schlafen.

In diesem Fall empfiehlt es sich, Ihr Schlafzimmer als Eingewöhnungsrevier für die Katze einzurichten.

ERZIEHUNG IST NOTWENDIG

Eine Katze ist eine Katze. Sie kann nicht wie ein Hund erzogen werden. Viel Geduld und Geschick, Einfühlungsvermögen und Durchsetzungskraft sind dafür notwendig. Wichtig ist zu verstehen, wie Katzen lernen, und dieses Wissen bei der Erziehung erfolgreich umzusetzen.

Wie Katzen lernen

In den ersten 10 Wochen lernt das Kätzchen alle Fähigkeiten, die es für sein späteres Leben als Jägerin und für sein Sozialverhalten braucht (→ Entwicklungsphasen, Seite 10). Was es bis dahin nicht mitgekriegt hat (weil die Mutter fehlte), wird es sich danach nicht mehr in dieser Vollendung aneignen können. Dennoch bleibt eine Katze auf ihre Art lernfähig und das zum Glück ihr Leben lang.

Beobachten und Nachahmen. Katzenkinder lernen durch Nachahmen. Sie beobachten die Mutterkatze, wie sie auf die Katzentoilette geht und ihre Hinterlassenschaften zuscharrt, und machen es ihr nach.

Gute und schlechte Erfahrungen. Einen Kratzbaum, der beim Draufspringen wackelt, wird eine Katze nie wieder benutzen. Widerfährt ihr an bestimmten Orten jedes Mal etwas Unangenehmes (zum Beispiel ein ihr verhasstes Geräusch), wird sie diese bald meiden. Umgekehrt wird sie gute Erfahrungen gerne immer wieder machen wollen.

Eine Katze knabbert gern an Grünzeug. Pflanzen Sie für sie geeignete Kräuter an.

Erfolgreiche Problemlösung. Hat die Katze begriffen, dass auf Maunzen oder Kratzen eine Tür sich öffnet oder geöffnet wird, überträgt sie das Gelernte und wird es von nun an bei jeder Tür so machen.

Erziehung richtig gemacht

Damit die Katze uns versteht und sich so verhält, wie wir es wollen, müssen wir sie an unsere Regeln gewöhnen. Ebenso sollten wir uns in ihrer Sprache auskennen und bereit sein, Kompromisse einzugehen. Das tut die Katze auch, wenn wir ihr Möglichkeiten und Alternativen anbieten. Nur so kann ein harmonisches Zusammenleben stattfinden.

Positive Verstärkung: Versuchen Sie erst gar nicht, der Katze etwas zu verbieten, zum Beispiel am Sofa zu kratzen. Bringen Sie ihr stattdessen bei, etwas anderes zu tun. Bieten Sie ihr als Alternative zum Beispiel einen Kratzbaum an, und loben Sie sie jedes Mal, wenn sie ihn annimmt. So lernt die Katze aus positiven Erfahrungen.

Routinen schaffen: Am meisten Angst hat eine Katze vor Unbekanntem. Umgekehrt gibt ihr Vertrautheit ein Gefühl der Beständigkeit und Sicherheit. Plätze, bestimmte Materialien unter

TIPP

So klappt es mit dem Autofahren

Es ist wichtig, die Katze gleich von Anfang an ans Autofahren zu gewöhnen. Das erste Erlebnis sollte angenehm für sie sein. Den Transporter schon eine Weile vorher offen in der Wohnung stehen lassen, dann ist er der Katze nicht mehr fremd (→ Den Transporter akzeptieren, Seite 26). Beim ersten Mal setzen Sie sie im Transporter nur ins Auto. Geben Sie ihr ein Leckerli und reden Sie freundlich mit ihr. Zurück in die Wohnung, Katze hinauslassen, Lob und ein Leckerli. Beim nächsten Mal ein kurzes Stück fahren. Wieder zurück, Lob und ein Leckerli. Ab und zu eine kleine »Spritztour« machen, damit die Katze das Autofahren nicht nur mit einem Tierarztbesuch verbindet.

den Pfoten, Laute und Abläufe, die ihr bekannt sind, liebt sie. Routine ist für sie also nicht langweilig, sondern wesentlich.
Konsequent bleiben: Wenn Sie wollen, daß Mieze nicht auf den Esstisch springt, dürfen sie es ihr nicht ein einziges Mal erlauben. Nie!

Toilettentraining

Kätzchen fangen mit 3–4 Wochen an, aufs Katzenklo zu gehen. Sie beobachten ihre Mutter und machen es ihr nach. Das heißt, mit dem Training selbst haben Sie nicht viel zu tun. Sie müssen nur für angenehme Bedingungen sorgen, damit die Katze sich wohl fühlt und ein Leben lang sauber bleibt, wie es ja ihrer Natur entspricht (→ Unsauberkeit, Seite 48).

✔ Das Katzenklo für die Kleinen sollte keinen zu hohen Rand haben. Gleich mehrere aufstellen, damit immer eines in der Nähe ist. Jedes Mal loben und streicheln, dann verbinden die Kätzchen den Gang zum Klo mit etwas Angenehmem.
✔ Die Toilette für die erwachsene Katze möglichst groß wählen, damit diese sich mühelos drehen und wenden kann (im Fachhandel erhältlich). Katzen, die im Stehen pinkeln, brauchen eine Toilette mit Haube. Manche Katze bevorzugt zwei Klos, eines für das »kleine« und eines für das »große Geschäft«. Sind mehrere Katzen im Haus, braucht jede ein Klo.
✔ Anfangs immer die Streu nehmen, an die die Katze gewöhnt ist (beim Vorbesitzer fragen). Erst nachdem sie sich eingelebt hat, wechseln. Die neue Streusorte nicht von heute auf morgen benutzen, sondern zuerst im Verhältnis von 1:9 unter die alte mischen und den Anteil langsam erhöhen. Sonst riskieren Sie, dass die Katze das Klo nicht benutzen will. Wenn Sie eine Streusorte gefunden haben, die sowohl der Katze als auch Ihnen gefällt, bleiben Sie dabei.
✔ Das Katzenklo an einem ruhigen, geschützten Ort aufstellen (in einem Haus in jeder Etage), an dem weder andere Haustiere noch Kinder stören können, und möglichst weit weg von Futter- und Wassernapf sowie Schlafplatz. Es muss jederzeit leicht erreichbar sein. Gefällt Ihrer Katze der Standort, nicht mehr wechseln.
✔ Streu 4-5 cm einfüllen. Täglich Kot und Streuklümpchen entfernen. Einmal wöchentlich leeren, mit Essigreiniger (verdünnt) schrubben, mit heißem Wasser gründlich ausspülen und trocknen.

Hinweis: Wenn Katzenbabies toilettentrainiert werden, nach jeder Reinigung 2-3 kleine Urinklümpchen der Mutter in der Toilette lassen. Riecht die Streu neutral oder gar parfümiert, wird das Klo womöglich nicht anerkannt.

Kratzbaumtraining

Ein Grundbedürfnis von Katzen ist Kratzen. Damit markieren sie ihr Revier, stärken ihre Muskeln und pflegen ihre Krallen. Auch in der Wohnung dürfen sie das tun, aber natürlich nicht an Ihren Möbeln. Deswegen müssen Sie für geeignete Kratzmöglichkeiten sorgen.

✔ Ein katzengerechter Kratzbaum, der zum Kletterbaum erweitert wird, muss standfest sein und ist mit einem dicken, widerstandsfähigen Sisalseil umwickelt. Auch die Liegemulden (von geraden Flächen kann die Katze hinunterpurzeln) sind mit kratzfestem rauen Teppich bezogen und sollten so lang sein, dass sich Mieze ausstrecken kann. Kratzbretter, an denen die Katze sich aufrichtet, sind auch sehr beliebt. »Teppichkratzer« bevorzugen auf dem Boden liegende Kratzrollen mit einem dicken Teppichrand drumherum. Kratzbäume, -bretter oder -rollen sind im Fachhandel erhältlich.

✔ Der Standort ist genauso wichtig. Zum Beispiel neben dem Schlafplatz, da viele Katzen gerne nach dem Aufwachen kratzen und dabei ihre Markierungszeichen auffrischen. Ein beliebter Ort ist vor dem Fenster, wo die Katze vom Baum aus die Gegend beobachten kann. Gut ist auch der Platz in der Nähe eines Schrankes. Wenn Mieze Sessel oder Sofa bearbeitet, platzieren Sie einen Kratzpfosten direkt daran oder dicht daneben.

Hinweis: Kratzt Ihre Katze am liebsten an Tisch- oder Stuhlbeinen, möchte sie vielleicht einen Pfosten aus Holz ohne Sisal drumherum.

✔ Wenn die Katze nicht zu verstehen scheint, wofür der Kratzbaum da ist, kratzen Sie selbst daran. Das Geräusch animiert sie zum Nachmachen. Danach loben und mit einem Leckerli belohnen. Sie können daraus ein tägliches Ritual gestalten. Wenn Sie nach der Arbeit nach Hause kommen, kratzen Sie als erstes hingebungsvoll am Kratzbaum. Meistens will die Katze dann auch. Streicheln und belohnen Sie sie. Bald wird die Katze ungeduldig auf Ihre Heimkehr warten und dann sofort zum Kratzbaum rennen. Getrocknete Katzenminze (Catnip) auf der Kratzfläche verführt ebenso zum Kratzen (Mieze gerät in Extase) wie eine Federangel, die Sie langsam den Kratzbaum »emporklettern« lassen. Die Katze fängt das Spielzeug und kratzt danach aus Freude am Beutefang.

Hinweis: Nie die Katze zum Kratzbaum tragen und mit ihren Pfoten kratzende Bewegungen machen. Das hasst sie und wird danach den Kratzbaum eher meiden.

Kratzbaumtraining spielerisch gemacht.

Auf den Namen hören

Tierforscher empfehlen Namen, die aus zwei Silben bestehen. Hohe helle Töne sind beliebter als tiefe dunkle. Ein angenehm klingender Name wird auch Ihrer Katze gefallen. Sprechen

10 Goldene Regeln
der Katzenerziehung

1 Lernen Sie die Bedürfnisse Ihrer Katze kennen (Kratzen, Markieren, Spielen, Klettern usw.), und sorgen Sie dafür, dass sie diese Bedürfnisse katzengerecht befriedigen kann.

2 Werden Sie mit der »Katzensprache« (Körper-/Lautsprache, Verhalten) vertraut, um sie richtig deuten zu können.

3 Je früher Sie mit der Erziehung anfangen, desto weniger Probleme haben Sie.

4 Erwünschtes Verhalten sollte immer gelobt und belohnt werden.

5 Anschreien und Bestrafen bringt nichts. Die Katze bekommt nur Angst, und Probleme werden verstärkt.

6 Bringen Sie der Katze Ihre Hausregeln und die damit verbundenen Wörter bei, vor allem die Bedeutung von »Nein«.

7 Bleiben Sie konsequent. Was heute verboten ist, darf nicht morgen erlaubt werden. Nicht ein einziges Mal eine Ausnahme machen.

8 Schaffen Sie Routinen. Katzen lieben geregelte Tagesabläufe und akzeptieren Pflegemaßnahmen, wenn sie täglich zur gleichen Zeit gemacht werden.

9 Machen Sie den Ort des unerwünschten Verhaltens unangenehm für die Katze; sie lernt aus Erfahrungen.

10 Füttern Sie regelmäßig zwei Mal am Tag. Was nicht gefressen wird, darf nicht stehen bleiben.

Sie ihn immer dann aus, wenn Sie sie streicheln oder ihr Futter oder Leckerlis geben, aber nie, wenn Sie böse auf sie sind oder ihr etwas verbieten. Sie sollte ihren Namen mit erfreulichen Gefühlen verbinden. Damit sie darauf zu reagieren lernt, rufen Sie sie, wenn sie aufmerksam ist und zu Ihnen herschaut. Wenn sie kommt, streicheln und mit einem Leckerbissen belohnen. Die Übung erst am nächsten Tag wiederholen, sonst ermüdet die Katze.

Vom Streuner zum Stubentiger

Aus einer Katze, die ein Freigänger war, einen Stubentiger zu machen ist sehr empfehlenswert. Damit bewahren Sie sie vor allen Gefahren, die draußen auf sie warten. Wenn die Wohnung katzengerecht und interessant gestaltet ist und der Katze vielleicht ein gesicherter Balkon beziehungsweise ein Fenster zur Verfügung steht, wird ihr das Freilaufen bald nicht mehr fehlen. Und das können Sie tun:

✔ Miauen und Jammern vor Eingangstür und Fenstern ignorieren.

✔ Von der Eingangstür weglocken und belohnen, wenn sie geht.

✔ Viel mit ihr spielen und sie streicheln.

✔ Mehrere Katzenklos mit verschiedenen Streuarten anbieten, auch Erde. Die bevorzugte Streu weiter benutzen. Setzt sie sich lieber auf Erde, ein wenig Streu darunter mischen und nach und nach die Menge erhöhen. In ein paar Wochen hat die Katze die Außenwelt »vergessen«.

Pflegemaßnahmen akzeptieren

An Pflegemaßnahmen wie Bürsten, Kämmen, Saubermachen der Augen, Ohren- und Zahnkontrolle sollten Sie die Katze so bald wie möglich gewöhnen. Es dient nicht nur ihrer Gesundheit, sondern verstärkt auch ihr Verhältnis zu Ihnen. Gestalten Sie es zum Ritual, das liebt die Katze.

Katzen lieben Baumrinde und bevorzugen deswegen zum Kratzen raue Materialien.

✔ Täglich pflegen zur gleichen Zeit, am gleichen Platz und in gleicher Reihenfolge.

✔ Mit der Katze reden und sie ausgiebig streicheln. Immer beginnen und aufhören mit den angenehmen Stellen: Kopf, Kragen, Wangen. Sie wird Ihnen beibringen, was sie mag.

✔ Am Anfang nur einen oder zwei Schritte der Prozedur ausführen, damit Mieze sich langsam daran gewöhnt. Täglich eine Minute bringt mehr als ein Mal wöchentlich 10 Minuten.

✔ Die Katze darf nie von selbst gehen. Jede Sitzung hört damit auf, dass Sie ihr ein Leckerli geben, sie streicheln und loben und sie dann auf den Fußboden setzen.

Den Transporter akzeptieren

Wenn die ersten Erfahrungen der Katze mit dem Transporter unangenehm sind, etwa der Gang zum Tierarzt, bekommt sie Angst davor. Schaffen Sie ihn also schon frühzeitig an (je einen bei mehreren Tieren) und machen Sie die Katze damit vertraut.

Stabilität: Nur Qualitätstransporter aus Kunststoff, sogenannte Kennels, die auch von den Fluggesellschaften akzeptiert werden, sind stabil. Weidenkörbe taugen nicht zum Transport (schwer sauber zu halten, Verletzungsgefahr). Für besonders ängstliche Katzen empfiehlt sich ein Transporter, der sich nicht nur von vorne, sondern auch von oben öffnen lässt.

Größe: Die Katze muss bequem liegen, sitzen stehen und sich drehen können, und es sollte Platz für ein kleines Klo sein, falls Sie eine weitere Reise antreten müssen.

Gewöhnung: Kissen oder weiches Handtuch hineinlegen, dazu ein Lieblingsspielzeug wie Katzenminzekissen, und offen in der Wohnung stehen lassen. Ab und zu mal ein Leckerli im Transporter servieren, dann verbindet Mieze etwas Angenehmes mit ihm. Immer zuerst mit den Hinterpfoten hineinsetzen. Nicht bis zum letzten Augenblick warten, ruhig sein und leise und fröhlich mit ihr sprechen.

Hinweis: Fahren Sie das erste Mal zum Tierarzt nur zum Streicheln. Das hat zwei Vorteile: Zum einen verbindet die Katze nicht nur Unangenehmes mit dem Tierarzt, zum andern lernt dieser die Katze im gesunden Zustand kennen und kann den Grad einer Erkrankung besser beurteilen.

Erziehungsfehler

Die meisten Probleme entstehen, wenn man Katzen wie Hunde zu erziehen versucht. Sie folgen eben keinen Kommandos, vielmehr müssen wir uns mit unseren Regeln an ihre Bedürfnisse »anschmiegen«.

Keine Bestrafung

Die Katze hat neben ihr Klo gemacht, worauf der Mensch ihre Nase in die Pfütze tunkt und sie anschließend ins Katzenklo setzt. Leider versteht die Katze nicht, wofür sie bestraft wurde, nämlich dass sie am falschen Ort ihr Geschäft machte. Sie wäre ja gern aufs Klo gegangen, aber irgendetwas hat sie daran gehindert. Es gibt etliche Gründe, vielleicht war die Tür zugefallen oder die Streu verdreckt (→ Unsauberkeit, Seite 48). Nun denkt sie, der Mensch will nicht, dass sie uriniert, und bekommt Angst vorm Katzenklo.

In den meisten Fällen liegt die Ursache des Fehlverhaltens daran, dass die Katze in ihren Bedürfnissen nicht respektiert wurde. Bestrafen Sie sie nun dafür, verstärken Sie nur das Problem, verursachen Stress und beschädigen das Verhältnis zu Ihrer Katze.

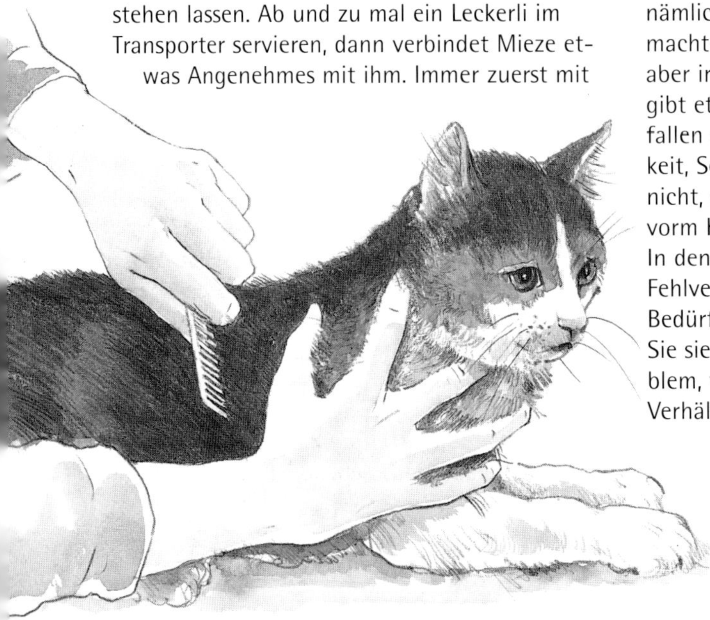

Tägliches sanftes Kämmen und Bürsten trägt zum Wohlsein der Katze bei.

Das sollten Sie nie tun:

✔ die Katze anschreien,
✔ sie schlagen,
✔ zur Strafe einsperren,
✔ ihre Nase in Ausscheidungen tunken.

Das sollten Sie tun:

✔ eine Alternative bieten (ein sauberes Klo, eine andere Streu, ein geschützterer Standplatz);
✔ belohnen, wenn die Katze die Alternative akzeptiert und benutzt;
✔ den Ort des unerwünschten Verhaltens unangenehm machen (Stellen, auf die sie uriniert, mit einem Wachstuch abdecken oder mit einem Geruch »parfümieren«, den sie hasst).

Richtige Belohnung

Qualitatives Trockenfutter eignet sich gut und ist zudem gesund. Gern angenommen wird »Kitten«, ein Trockenfutter für Jungtiere, da es wegen seines hohen Energie(=Fett)gehaltes besonders schmackhaft ist (im Fachhandel erhältlich). Geben Sie der Katze entsprechend weniger von ihrem täglichen Futter, um diese Extra-Kalorien wieder einzusparen. Belohnungshäppchen, die Zucker, Farbstoffe und künstliche Antioxidantien (meist als EWG-Zusatzstoffe deklariert) enthalten, sind nicht zu empfehlen.

Gesunde Fressgewohnheiten

Bringen Sie der Katze von Anfang an gesunde Fressgewohnheiten bei, und bleiben Sie auch hier konsequent.

Fütterungszeiten einführen

Viele Katzenbesitzer halten den Futternapf immer gefüllt. Das ist jedoch falsch. Eine Katze, die den ganzen Tag das Futter riechen und daran knabbern kann, hat nie richtig Appetit, wird heikel und magert ab. Oder sie frisst aus Langeweile und nimmt übermäßig zu. Auch das Verdauungssystem wird langsam und »faul«, denn durch den Geruch wird es ständig dazu animiert, sich auf die Verdauung vorzubereiten.

TIPP

Strafe oder Ablenkung

Das Verhalten der Katze wird durch ihre Instinkte gesteuert. Diese zwingen sie zum Krallenschärfen, und sie macht es auch am Sofa, obwohl sie weiß, dass sie dort nicht kratzen darf. Die Katze dafür zu bestrafen bringt nicht nur nichts, es würde auch noch die Beziehung zu ihr zerstören. Was Sie allerdings tun können ist, dieses instinktive Verhalten in die richtige Bahn zu lotsen. Bieten Sie Ihrer Katze attraktive Kratzgelegenheiten an und lenken Sie sie dorthin, wenn sie sich wieder mal anschickt, am Sofa zu kratzen. Locken Sie sie zum Beispiel mit einer Federangel zum Kratzmöbel und loben Sie sie, wenn sie an dem erwünschten Ort ihre Krallen schärft.

Es dient also der Gesundheit, nur zwei Mahlzeiten pro Tag anzubieten und spätestens nach einer Stunde die Reste wegzuräumen.

Nicht zu viel Abwechslung

In der Natur fressen Katzen hauptsächlich Mäuse, gelegentlich einen Vogel, Insekten, Gras und ab und zu mal ein Ei. Das Getränk ist Wasser. Wird ihnen ständige Abwechslung geboten, führt das zu Heikelkeit und auch zu Verdauungsproblemen, vor allem wenn Futter unterschiedlicher Qualität (heute aus dem Supermarkt, morgen qualitatives Superpremiumfutter) quer Beet gefüttert wird. Eine hochwertige Futtersorte (aus dem Fachhandel) reicht, in der Dose und als Trockenfutter, mal pur, mal miteinander gemischt. Hin und wieder rohe Lamm- oder Rindfleischbröckchen dazu.

Checkliste
Wunschzettel einer Katze

1 Ein abwechslungsreich gestaltetes Zuhause mit vielfältigen Möglichkeiten zum Kratzen, Klettern und Spielen.

2 Genügend ruhige, private Plätze zum Sich Zurückziehen und ungestört Ausruhen.

3 Einen ausgeglichenen Menschen, der sich ruhig bewegt, leise und lieb spricht und keine laute Musik hört.

4 Toleranz und Verständnis für kätzisches Verhalten.

5 Sicherheit durch Routinen und gleiche Tagesabläufe.

6 Viel Beschäftigung mit abwechslungsreichem Spielzeug.

7 Gesellschaft in Gestalt einer gleichgesinnten Mieze.

8 Jede Menge Streicheleinheiten.

Katze-Mensch-Beziehung

Eine Katze, die mit einer Familie zusammen lebt, wählt sich in der Regel ein Mitglied als Bezugsperson. Sie bleibt dabei unabhängig, das heißt, wir Menschen sind für sie nicht unersetzlich, auch wenn wir es gerne glauben möchten. Sie wird sich nicht zu Tode trauern, wenn die Bezugsperson nicht mehr da ist oder sie das Zuhause wechseln muss. Eine Katze verkraftet eine derartige Änderung sehr gut, vorausgesetzt das neue Zuhause ist ebenso katzengerecht wie das alte, und die neuen Menschen sorgen gut für sie.
Andererseits glauben Verhaltensforscher, dass eine Katze zu keiner anderen Katze eine so tiefe und dauerhafte Beziehung eingeht wie zu einem Menschen. Fest steht, dass der Mensch für sie ein idealer Geselle ist: Er konkurriert nicht mit ihr um Futter, um Sex oder um den Lieblingsplatz auf der Fensterbank, und meistens gibt es auch keine Revierstreitigkeiten. Vielleicht ist das der Grund, warum eine Katze, die in enger Beziehung mit dem Menschen lebt, Teile ihres kindlichen Verhaltens beibehält.
Das wilde »Erwachsenenleben« fängt für die Katze an, sobald sie das Haus verlässt und auf andere Artgenossen trifft. Da vergisst sie ihr ruhiges Zusammenleben mit dem Menschen und hält auch Verhaltensmuster parat, die nur unter ihresgleichen verstanden werden, zum Beispiel das Markieren des Reviers (→ Seite 14).
Probleme entstehen in der Katze-Mensch-Beziehung, wenn an die Katze zu hohe Erwartungen gestellt werden. Ein Mensch, der nur ungenügend über katzentypisches Verhalten informiert ist, empfindet dieses oft als »problematisch«. Es erleichtert das Verständnis sehr, sich in die Katze hineinzuversetzen, die Welt mit ihren Augen zu betrachten. Akzeptiert der Mensch die Katze so wie sie ist, steht einem friedlichen Zusammenleben nichts im Wege.

Sich in Menschenkleidern zu verstecken heißt auch, sich seinen Geruch »überziehen«.

Katzen und Kinder

Katzen und Kinder sind ideale Spielgefährten. Bei beiden kommt sowohl der Schmusetrieb als auch die unermüdliche Bereitschaft zum Spielen voll zum Tragen. Voraussetzung ist, dass das Kind alt genug ist, um die Bedürfnisse der Katze kennen zu lernen. Ein Kleinkind hingegen weiß noch nicht richtig mit einem Tier umzugehen. Es fasst die Katze grob und ungeschickt an und verletzt sie womöglich. Diese kratzt und beißt zur Verteidigung, weil sie sich bedroht fühlt. Deshalb sollten Sie beide voneinander fern halten beziehungsweise nicht zusammen allein lassen.

Am besten bringen Sie Ihrem Kind von Anfang an bei, mit der Katze richtig umzugehen. Zeigen Sie ihm, wie man sie richtig hochhebt und trägt (→ Tipp, Seite 10), wie man sie streichelt und was man mit ihr spielen kann (→ PRAXIS Spielen, Seite 30). Erklären Sie, warum Mieze nicht gegen ihren Willen festgehalten werden will und beim Essen und Schlafen sowie auf dem Klo ihre Ruhe haben möchte. Beteiligen Sie Ihr Kind an der Katzenpflege, aber erwarten Sie nicht, dass es die Verantwortung allein übernehmen kann. Immer müssen Sie dafür sorgen und Ihr Kind anleiten, damit das Tier auch richtig gefüttert und gepflegt wird.

PRAXIS KATZENSPIELE

Spielen richtig gemacht
Jede Katze spielt gern, es sollte nur richtig gemacht werden. Einfach etwas hinwerfen und erwarten, dass Mieze schon spielen wird, funktioniert nicht. Denken Sie an die kätzischen Belange, wenn Sie Spielzeug kaufen oder selbst anfertigen. Es muss leicht sein und den verschiedenartigen Bedürfnissen genügen. So mag Mieze gern etwas hin und her schubsen, an etwas kratzen, nach etwas springen und, ganz wichtig, mit etwas schmusen. Spielzeug nicht herumliegen lassen, sondern regelmäßig in einen Korb räumen und alle 14 Tage umtauschen. Ein Teil verschwindet im Schrank, der andere liegt »neu« im Spielkorb. Katzenminzespielzeug ab und zu wegräumen. Wenn Mieze es ständig riecht, hat es auf sie nicht mehr die Wirkung.

Spielzeug zum Alleinspielen
- ✔ Fellmäuse (Nase und Augen entfernen, Katze kann sie verschlucken)
- ✔ Schaumstoffbällchen, Pingpongbälle
- ✔ Wollfäden (ca. 20 cm lang, Knoten am Ende)
- ✔ Cat Track (Ball im Kasten, Katze versucht ihn zu fangen)
- ✔ Korken, Pfeifenreiniger
- ✔ Kartons und Papiertüten
- ✔ Katzenminzespielzeug (nur mit dem Vermerk kaufen, dass ausschließlich Blüten und Blätter verwendet wurden).

Zusammen spielen
Planen Sie eine regelmäßige Spielstunde ein, am besten täglich. Der ideale Zeitpunkt ist abends vor dem Essen. Das fördert die Verdauung und ist sehr artgerecht, da die Katze in der Natur auch ihre Beute zuerst erjagt. Eine Spielstunde sollte mindestens 15-20 Minuten dauern, und die Katze muss sich richtig verausgaben können.

Spielzeug zum Zusammenspielen
- ✔ Federangel (es gibt welche, die richtig flattern wie ein Vogel)
- ✔ Federstab (»Feather Teaser«)
- ✔ Papierball oder Spielzeugmaus an langer Schnur zum Hinterherziehen
- ✔ Schaumstoffbällchen zum Apportieren
- ✔ Pingpongbälle für »Katzensquash«
- ✔ Kartons, Papiertüten, in die eine Spielzeugmaus, ein Ball oder ein Leckerli versteckt wird

Renn- und Springspiele
Das Spielzeug (Federangel, Papierknäuel oder Spielzeugmaus an Schnur) soll sich so verhalten wie eine Maus: vor der Katze weglaufen, Zick-Zack-Bewegungen machen, sich hinter einem Tischbein oder in einem Karton verstecken. Mal bewegt sich die »Maus« schnell, damit die Katze hinterherlaufen muss; mal klettert sie den Kratzbaum hoch und die Katze hinterher; mal verhält sie sich still, damit die Katze auf der Lauer liegen kann. Benutzen Sie Ihre Fantasie. Hin und wieder muss Mieze das Spielzeug fangen dürfen, sonst verliert sie die Lust. Mit der Erlegung der Beute sollte das Spiel auch beendet werden.

Mit unermüdlichem Eifer lauert die Katze vor dem Versteck der »Maus«.

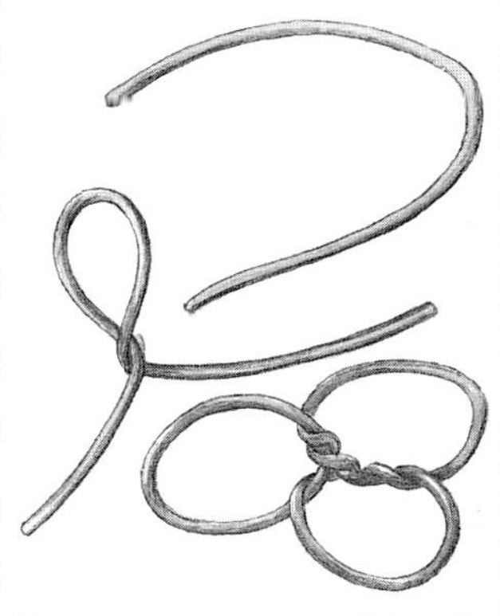

Pfeifenreiniger lassen sich leicht zu Katzenspielzeug formen.

Hinweis: Ein Spielzeug mit Schnur immer wegräumen. Die Katze könnte die Schnur fressen oder sich verwickeln und erhängen.

Katzenaerobic
In einen Karton katzengroße Tür schneiden. Einen Papier- oder Pingpongball hineinrollen. Die Katze stürzt hinterher und lauert drinnen. Jetzt langsam eine Maus an der Tür vorbeiziehen. Wenn Katze danach pfötelt, Maus »flüchten« lassen, zum Beispiel aufs Dach. Katze läuft hinterher, fängt die Maus, und dann geht es wieder von vorne los.

Mäuse im Mäuseloch
In den unteren Teil eines Kartons drei Mauselöcher schneiden (die Katzenpfote muss gut durchpassen). Wollfäden (ca. 20 cm lang) mit dicker Nähnadel durch große Erdnüsse in der Schale ziehen und so zur Maus machen. Die Mäuse Ihrer Katze zeigen, in den Karton werfen und Deckel schließen. Die Katze wird die Mäuse durch die Löcher zu angeln versuchen. Wenn sie die Idee nicht gleich versteht, machen Sie es ihr vor.

Torwart-Spiel
Sie brauchen einen großen Pappkarton (die Katze muss gut hineinpassen), in den Sie unten einige kleine Gucklöcher hineinschneiden, und viele Papierbällchen. Werfen Sie sie in den Karton – wetten, dass Mieze sie fangen will!

Katzenminzeparty
Veranstalten Sie ab und zu eine »Party« mit Katzenminze (im Fachhandel). Katzen bekommen davon einen harmlosen gesunden Rausch, der Glückshormone frei setzt und Stress beseitigt. Qualitative, getrocknete Katzenminzeblätter auf den Fußboden streuen, und der Spaß kann beginnen. Sie können auch Katzenminzetee anbieten (und selbst trinken!) – er ist gesund und verdauungsfördernd.
Katzenminzetee
1 gehäufter TL getrocknete Katzenminzeblätter, 125 ml kochendes Wasser, 125 ml Sahne (wenn die Katze sie verträgt; ansonsten Katzenmilch aus Pulver gerührt). Kochendes Wasser auf die Blätter gießen und 10 Minuten ziehen lassen. Mehrmals umrühren. Blätter absieben und Sahne/Katzenmilch dazugeben. Gut umrühren und servieren.

Squash auf Katzenart. Mieze wird kaum einen Ball verfehlen.

Ein wunderbares Freundespaar, vorausgesetzt das Kind geht richtig mit der Katze um.

Katze und andere Katze

Eine Katze, die das Leben mit einer Artgenossin teilen darf, lebt glücklicher. Am idealsten passen Wurfgeschwister zusammen. Doch auch eine erwachsene Katze kann eine Gefährtin bekommen, dann aber möglichst ein Jungtier. Einer alten und kranken Katze sollten Sie hingegen keinen zusätzlichen Stress durch einen Neuankömmling zumuten.

Wer passt zu wem?

Aus Erfahrung kann ich sagen: Die Katzencharaktere sollten sich möglichst gut ergänzen.

✔ Ist die eine »bodenständig«, das heißt, hält sie sich gerne unter Möbeln auf, sollte die andere ein Klettermax sein, der am liebsten oben auf dem Schrank liegt.

✔ Ist sie eine menschenbezogene Schmusekatze, passt zu ihr ein verspielter Clown, der wenig Zeit und Lust zu Schmusestunden hat.

✔ Ist sie älter oder einsam und eher ruhig, sollte die neue ebenfalls erwachsen und ruhig und keine Schmusekatze sein, das heißt, die Artgenossin dem Menschen vorziehen.

✔ Ist sie gesund, aber übergewichtig, wird sie von einem Kätzchen »auf Trab« gebracht.

✔ Hat sie zu viel Energie, ist eine junge, verspielte Katze (6 Monate bis 2 Jahre) die ideale Partnerin.

Wie gewöhnt man sie aneinander?

✔ Bevor die Neue einzieht, können Sie Ihre Katze mit deren Geruch vertraut machen. Lassen Sie sie an einem Handtuch schnuppern, mit dem Sie die Neue gerubbelt haben.

✔ Stellen Sie dem Neuankömmling ein paar Tage ein eigenes Zimmer zur Verfügung (→ PRAXIS Eingewöhnung, Seite 18). So können sich die Katzen hören und riechen.

✔ Sobald sich die Neue in ihrem Zimmer heimisch fühlt, die Plätze tauschen. Das heißt, Ihre Katze darf in das Zimmer, die Neue inspiziert die übrige Wohnung.

✔ Ist die alteingesessene Katze über den fremden Geruch nicht mehr so aufgebracht, können Sie die beiden zusammen lassen. Vorher mit Hefeflocken einrubbeln, damit sie den gleichen, für Katzen angenehmen Geruch tragen. Hefe ist nicht nur unschädlich, sondern schmeckt auch, wenn sie sich lecken. Fauchen, Knurren und ein paar Tatzenhiebe sind ganz normal. Am besten nicht einmischen, außer wenn ein richtiger Kampf ausbricht (einen Eimer Wasser bereithalten), und nicht schimpfen.

✔ Die alteingesessene Katze braucht jetzt viel Zuwendung. Die Sachen der Neuen (Toilette und Körbchen) bleiben vorerst in »ihrem« Reich. Sie wird Zuflucht darin suchen, wenn ihr die Situation zu brenzlig wird.

Hinweis: Wappnen Sie sich mit Geduld. Das Aneinander Gewöhnen dauert oft 3 bis 4 Wochen, manchmal sogar 2 bis 3 Monate. Solange sich die Katzen nicht richtig bekämpfen und es nur bei Geschrei und gelegentlichen Tatzenhieben bleibt, sollten Sie nicht aufgeben.

Wie Sie die Eingewöhnung beschleunigen

✔ Spielen Sie mit den Katzen. Wenn beide begeistert hinter einer Federangel herjagen, vergessen sie die Anwesenheit der anderen.

✔ Füttern Sie die Katzen 2mal täglich zusammen in einem ruhigen Raum. Die Futterschüsseln zuerst weit auseinander stellen und jeden Tag etwa 10-15 cm aufeinanderzu bewegen, bis die Katzen Seite an Seite fressen.

Katze und Hund

In der Regel verstehen sich Katzen und Hunde ausgezeichnet, vorausgesetzt sie haben ihre unterschiedlichen Sprachen kennen gelernt. So äußert ein Hund mit Schwanzwedeln freundliche Gefühle, während dies bei der Katze Verärgerung oder Zorn bedeutet. Der Hund hebt die Pfote als freundschaftliche Geste. Für die Katze ist es eine ernst zu nehmende Drohung.

Hund und Katze sprechen verschiedene Sprachen. Sie können sich aber verstehen lernen.

Katzen und Hunde leben am ehesten friedlich zusammen, wenn sie gemeinsam aufwachsen. Auf jeden Fall sollten ihre Persönlichkeiten zusammen passen.

Ein erwachsener Hund wird eine Katze im allgemeinen jagen, und diese wird weglaufen oder sich verteidigen. Sind die beiden jedoch aneinander gewöhnt, betrachtet der Hund die Katze meistens als Mitglied des Rudels und beschützt sie sogar. Bevor es allerdings so weit ist, muss man dafür sorgen, dass es bei der ersten Begegnung erst gar nicht zur Beutejagd kommt.

1. Wenn der Hund der Neuankömmling ist

Bringen Sie die Tiere in zwei Räumen mit einer geschlossenen Tür dazwischen unter; so können beide die Anwesenheit des anderen wahr nehmen. Geben Sie jedem eine Decke zum Schlafen, und vertauschen Sie diese alle zwei Tage. Nehmen die Tiere sie nicht an, rubbeln Sie sie mit Handtüchern ab und vertauschen diese täglich.

Wenn die Katze der Neuankömmling ist

Lassen Sie die Katze sich erstmal an ihr neues Revier gewöhnen, bevor Sie sie dem Hund vorführen – ein Stress auf einmal ist genug. Danach ein paar Tage lang die Zimmer wechseln.

2. Beim nächsten Schritt die Tiere zusammen bringen, die Katze im Transporter (mit geschnittenen Krallen), der Hund an der Leine. Die Tiere kurz zuvor füttern – ein voller Magen macht ruhiger und zufriedener. Ganz langsam aufeinander zugehen mit längeren Pausen dazwischen, bis sie sich beschnuppern können. Loben, wenn die Tiere nicht fauchen oder knurren. Täglich wiederholen, bis sich die Abwehr gelegt hat. Erst dann die Tiere frei zusammen lassen. Der Katze sollte eine Fluchtmöglichkeit offen stehen (erhöhter Platz). Einen Eimer Wasser bereit stellen, falls ein Streit ausbricht.

Hinweis: Füttern Sie die Katze an einem Platz, an den der Hund nicht drankommt. Auch das Katzenklo sollte für ihn unerreichbar sein.

Katze und andere Haustiere

Vögel, Fische, Hamster und andere Nager sind für die Katze Beutetiere. Steht der Käfig auch noch in Reichweite der Katze, verursacht der Anblick unnötigen Stress und hat negative Auswirkungen auf sie (sie steht ständig »unter Strom«). Außerdem kann sie das Käfigtier durchaus verletzen, wenn es ihr gelingt, mit der Pfote durch die Gitterstäbe zu langen. Die Katze auszuschimpfen hat keinen Zweck, da ihr Jagdinstinkt viel stärker ist. Stellen oder hängen Sie den Käfig lieber gleich an einen unerreichbaren Platz.

Hinweis: Aquarienfische sind weniger gefährdet, vorausgesetzt das Aquarium hat eine nicht verschiebbare Abdeckung und ist so groß und schwer, dass die Katze es nicht umwerfen kann.

Die Katze muss rechtzeitig lernen, dass es Tabuzonen für sie gibt.

Mit Katzen richtig umgehen

Das macht meine Katze	So reagiere ich richtig
Macht auf den Teppich.	Teppich gründlich reinigen und für eine Weile wegtun oder mit fester Plastikfolie bedecken; extra Wasser- oder Futternapf auf die Stelle setzen. Ursache herausfinden und beseitigen. Nicht bestrafen.
Kater uriniert gegen Tür oder Fensterrahmen.	Markierverhalten: Kater kastrieren lassen. Ihm ein eigenes Revier mit eigenen Sachen zur Verfügung stellen. Unsicherheit: Sich viel mit ihm beschäftigen.
Kratzt am Sessel statt am Kratzmöbel.	Art und Platzierung des Kratzbaums überprüfen. Stelle am Sessel mit fester Plastikfolie oder doppelseitigem Klebeband abdecken. Wenn die Katze zuschaut, selber am Kratzbaum kratzen: das animiert sie, Ihren Duft mit dem eigenen zu »übertünchen«.
Knabbert an Zimmerpflanzen.	Pflanzen außer Reichweite der Katze aufhängen. Alternativen anbieten: einen Kräutergarten für die Katze anlegen und einen Topf mit Katzengras zur Verfügung stellen.
Gräbt in Blumentöpfen.	Da es meistens aus Langeweile geschieht, für viele interessante Beschäftigungsmöglichkeiten sorgen (→ Seite 30/31); einen Spielkameraden geben. Blumenerde mit großen Steinen bedecken oder ein Gitter anbringen.
Kaut an Elektrokabeln.	Kabel außer Reichweite der Katze anbringen; mit Tabasco-Sauce bestreichen.
Springt auf verbotene Plätze (Küchentisch, Herd).	Den verbotenen Ort unangenehm machen, z.B. mit doppelseitigem Klebeband bekleben oder eine Schüssel voll Wasser so stellen, dass sie umkippt, wenn die Katze hoch springt. Andere Kletterplätze interessant machen, z.B. Leckerlis verstecken.
Lässt sich nicht bürsten.	Langsam daran gewöhnen. Konsequent jeden Tag ein wenig bürsten. Mit der Katze freundlich und leise sprechen, sie loben. Am Ende immer eine Belohnung geben.

VERHALTENSPROBLEME UND WIE MAN SIE LÖST

Die meisten Probleme mit Katzen rühren daher, dass der Mensch falsche und überzogene Erwartungen an sie stellt. Gleichzeitig ist er sich nicht über ihre Bedürfnisse im Klaren, wodurch oft die Ursachen für kätzisches Fehlverhalten provoziert werden.

Warum Katzen Probleme machen

Bevor Ihre Katze zu einer Bestie, einem Zerstörer, Schreihals oder Suppenkasper wurde, war sie ein Katzenkind, lebhaft, niedlich und bereit zu lernen. Doch das geschah nur ungenügend, nicht zur rechten Zeit und auch nicht mit der gebotenen Konsequenz.

✔ Katzen brauchen ihre Grenzen, auch wenn sie klein und süß sind. Ein Kätzchen, das nie das Wort »Nein« kennenlernte, solange Sie es noch putzig fanden, wenn es seine Krallen am Sofa wetzte und den Blumentopf als Katzenklo benutzte, wird später nicht kapieren, warum Sie es nun dafür schimpfen (→ Seite 22/23).

✔ Die Erziehung muss von Anfang an konsequent sein. Erlauben Sie dem niedlichen Kätzchen nicht heute, auf den Tisch zu springen und im Bett zu schlafen, und verbieten Sie es ihm morgen, nur weil es ein draufgängerischer Teenager geworden ist (→ Seite 22).

✔ Katzen brauchen angenehme Erinnerungen, die sie mit erlaubten Dingen verknüpfen. Gab es für das Kätzchen nie Lob und Belohnungen, als es lernte, aufs Katzenklo zu gehen oder am Kratzbaum zu kratzen, wird sich ihm kaum einprägen, was erwünscht ist und was nicht.

✔ Katzen haben die größte Angst vor etwas Unbekanntem. Ein Kätzchen, das mir nichts, dir nichts ins Auto gepackt oder mit anderen fremden Dingen konfrontiert wird, kann nur schwer das Gefühl für Sicherheit und Beständigkeit entwickeln (→ Seite 21).

✔ Katzen sind Gewohnheitstiere. Hat der Mensch versäumt, dem kleinen Kätzchen mit liebevoller Zuwendung das Gefühl der Sicherheit und Beständigkeit zu vermitteln, wird es nie Vertrauen fassen können.

✔ Sprache und Regeln im Umgang mit dem Menschen müssen der Katze beigebracht werden. Alles, was erlaubt ist, sollte gelobt und belohnt werden. Situationen hingegen, die Verbote bewirken, vermeidet man am besten.

✔ Hat sich umgekehrt der Mensch nicht die Mühe gemacht, die Sprache der Katzen verstehen zu lernen, und empfindet er deshalb normales Katzenverhalten als »Problemverhalten«, sind Konflikte vorprogrammiert.

✔ Falsche Ernährung kann ebenfalls zu einer Quelle für Probleme werden (→ Seite 27).

Hausregeln wie »Betreten der Waschmaschine verboten!« dienen der Sicherheit.

Kätzisches Verhalten richtig beurteilen

Die meisten so genannten Problemkatzen verhalten sich absolut katzentypisch. Das heißt, wir müssen lernen, kätzisches Verhalten nicht nach menschlichem Ermessen zu beurteilen.
Eine Katze ist weder boshaft noch tut sie etwas, um sich an uns zu rächen. Unsere Wert- oder Moralvorstellungen sind ihr fremd. Ob sie an einem sündhaft teuren Sofa oder an ihrem eigenen Kratzbaum kratzt, wird allein dadurch bestimmt, was für sie angenehmer ist.
Katzen verstehen nicht, was fair ist. Erobert eine Katze den Lieblingsplatz der anderen und betrachtet ihn hinfort als ihr Territorium, tut sie das nicht aus Niedertracht. Der Platz hat ihr gefallen, also hat sie ihn in Besitz genommen. Sie wird ihn genauso schnell wieder aufgeben, sobald Sie ihr eine Alternative anbieten, die ihr noch besser gefällt.
Katzen folgen ihrem Instinkt und erlegen das Beutetier. Das ist für sie nichts Verwerfliches. Wenn Ihnen Mieze also einen toten Vogel bringt, sollten Sie sie nicht bestrafen oder mit ihr schimpfen, sondern ihn als liebevolles Geschenk annehmen. Woher soll sie wissen, dass in der Menschenwelt das Töten einer Maus akzeptiert, das eines Vogels jedoch abgelehnt wird. Wir sollten uns im Klaren sein, was wir von unserer Katze erwarten, und danach überlegen, ob diese Erwartungen realistisch sind und ob sie mit den Bedürfnissen der Katze übereinstimmen. Nur so sind wir in der Lage, die Ursache ihres Verhaltens zu finden und es in die von uns gewünschte Richtung zu lenken.

Was die Katze von uns erwartet

Als sich die Katze vor 4000 Jahren in die Obhut des Menschen begab, tat sie das aus freien Stücken. Und auch heute noch möchte sie bestimmen, wann sie ihrer Wege gehen will und wann ihr nach Gesellschaft zumute ist. Wenn sie sich auch in die Familie integrieren lässt, will sie nicht als kleiner, behaarter Mensch behandelt werden, sondern gemäß ihren Bedürfnissen und Erwartungen.

✔ Versorgung. Geregelte, ausgewogene, gesunde Ernährung, Gesundheitsvorsorge (regelmäßige Impfungen und Gesundheitskontrollen durch den Tierarzt), regelmäßige Körper- und Fellpflege.

✔ Sicherheit. Einen geregelten Tagesablauf mit vielen angenehmen Routinen.

✔ Katzengerechte Umgebung mit vielen Kletter-, Kratz- und Beschäftigungsmöglichkeiten.

✔ Mitmachen. Teilnahme am Familienleben, Unterweisung in unserer Sprache und unseren Regeln.

✔ Beschäftigen. Regelmäßige Spielstunden.

✔ Zuwendung und Zwiesprache. Tägliche Schmuse- und Kraulstunden.

✔ Privatsphäre. Gemütliche Plätze, wohin sich die Katze zurückziehen und ihre Ruhe haben kann.

✔ Verständnis. Für ihr Katzesein, für die Katzensprache, für ihr kätzisches Verhalten.

Im Spiel trainiert die Katze ihre körperlichen Fähigkeiten – und das ihr Leben lang.

Was Sie von Ihrer Katze erwarten

Katzen wurden im Gegensatz zu allen anderen Haustieren nie zur Ausführung bestimmter Aufgaben und Tätigkeiten gezielt gezüchtet, sondern rein nach ästhetischen Gesichtspunkten und gefühlsmäßigen Bedürfnissen. Das bestimmt auch heute noch mehr oder weniger unsere Erwartungen. Wir möchten gerne, dass Mieze uns Gesellschaft leistet und unsere Freundin ist. Wir wollen mit ihr spielen und schmusen. Und natürlich soll sie die ihr angebotenen Kratzmöglichkeiten benutzen und brav aufs Katzenklo gehen.

Diese Erwartungen sind nicht etwa übertrieben, und die Katze wird sie erfüllen und uns mit ihrer Zuneigung belohnen, vorausgesetzt wir verstehen ihr Verhalten und zerstören die Freundschaft nicht durch Fehleinschätzung und sinnlose Strafen. Sie wird sich auch nicht an unseren Möbeln vergreifen, wenn wir Kratzmöglichkeiten bereit stellen, die ihr besser gefallen.

Trotzdem sollten wir uns damit abfinden, dass das Leben mit einer Katze (genauso wie mit einem Hund oder einem Kind) Spuren in einer Wohnung hinterlässt. Wer sich gern teure Möbel anschafft und an ihnen hängt, sollte nicht mit einer Katze zusammen leben.

Sauberkeit ist normalerweise kein Problem. Katzen haben zwar ein sehr starkes Revierverhalten und markieren mit Urin und Kot, doch in der Wohnung ordnen sie sich dem Menschen unter und verscharren ihre Hinterlassenschaften. So ist Unsauberkeit auch immer ein Zeichen dafür, dass für die Katze etwas in Unordnung geraten ist.

Hinweis: Achten Sie schon bei der Wahl der Samtpfote darauf, dass sie von ihrem Charakter her zu Ihnen und Ihrer Familie passt (→ Unterschiede der Katzenrassen, Seite 12). Manche Katzen genießen durchaus die Nähe ihres Menschen, sind jedoch keine Schoßkatzen.

TIPP

Zwiesprache mit der Katze

Mit einer Katze kann man auf zwei Ebenen kommunizieren, auf der verbalen und auf der nonverbalen. Lassen Sie Mieze an Ihrem Leben teilnehmen und erzählen Sie ihr, was Sie gerade tun. Das mag sich etwas albern anhören, aber so lernt die Katze, den Ton Ihrer Stimme richtig zu deuten und Laute mit Gegenständen und Bedeutungen zu verbinden. Wenn Sie viel Zeit mit ihr verbringen, wird sie auch Ihre Körpersprache verstehen lernen.

Die Verständigung auf der nonverbalen Ebene ist unter Katzen üblich. Wenn sie ein »Pauwau« halten, das heißt, miteinander diskutieren, liegen sie nahe beieinander, sind hellwach und aufmerksam, doch man hört keinen einzigen Laut. Diese Form der Gedankenübertragung können auch Sie mit ein wenig Geduld üben. Schließen Sie die Augen, und denken Sie intensiv an Ihre Katze. Versuchen Sie sich an jedes Detail zu erinnern: Fell, Augen, Zunge. Stellen Sie sich vor, dass die Katze auf Ihren Schoß springt, und oft passiert das dann auch. Kommunizieren Sie mit ihr immer in positiven Bildern. Kratzt sie am Sofa, denken Sie: Kratz am Kratzbaum! Wenn Sie die Katze noch dorthin locken, wird die Botschaft umso stärker. Wollen Sie freundlich mit ihr sprechen oder mit einer fremden Katze Kontakt aufnehmen, sehen Sie sie mit halb offenen Augen an und blinzeln ganz langsam. Blinzelt die Katze zurück, dann hat sie Ihre Botschaft verstanden.

Ernährungsbedingte Probleme

Der Zusammenhang zwischen Ernährung und Verhaltensproblemen ist nicht unmittelbar, sondern nimmt seinen Umweg über die Gesundheit. Ein Futter, das einen sehr hohen Getreideanteil und einen niedrigen Eiweißgehalt (wenig Fleisch) aufweist, kann den pH-Wert des Urins zu hoch halten. Dadurch werden Erkrankungen der Harnwege begünstigt; die Folge davon kann Unsauberkeit sein (→ Seite 48).

Oft wird auch missachtet, dass Zucker in der Nahrung und Übergewicht der Katze miteinander zu tun haben. Ebenso werden Hyperaktivität, Probleme der Bauchspeicheldrüse (Diabetes) oder der Nieren sowie Allergien (äußern sich zum Beispiel in Form von Durchfall, übermäßigem Fellputzen oder blutig Kratzen) vom Katzenbesitzer erstmal als unerwünschtes Verhalten missinterpretiert. Oft sind sie jedoch ernährungsbedingt und lassen sich in der Regel in den Griff kriegen, wenn Sie Ihrer Katze nur hochwertige Nahrung anbieten, die der Körper gut verwerten kann.

Bei der Futterwahl beachten

Richtig ist, wenn auf der Packung

✔ die Fleischart als erste aufgelistete Zutat steht, zum Beispiel »Huhn« (Dose) oder »Hühnertrockenfleisch« (Trockenfutterpackung);

✔ alle Zutaten einzeln aufgeführt sind, so dass man leicht erkennen kann, ob es sich um Qualitätszutaten handelt;

✔ die natürlichen Antioxidantien Vitamin C und E angegeben sind;

✔ kleine Fütterungsmengen empfohlen werden, das heißt für eine 4,5 kg Katze täglich 150–170 g Dose oder 60 g Trockenfutter.

Nicht zu empfehlen ist Futter

✔ mit Sammelbezeichnungen wie »tierische Nebenerzeugnisse« (Schlachtabfälle), die nichts über die Verwertbarkeit des Futters sagen;

✔ mit künstlichen Antioxidantien, oft nur als »EWG-Zusatzstoffe« angegeben;

✔ mit Farbstoffen und Zucker/Karamell;

✔ mit riesigen empfohlenen Fütterungsmengen, zum Beispiel 420 g für eine 4,5 kg Katze.

Ernährungstipps

Sobald Sie die Ursache herausgefunden haben, können Sie Ihre Katze mit richtiger Ernährung und Nahrungszusätzen unterstützen.

Aggressionen, Nervosität oder extreme Ängstlichkeit:

✔ Jegliches Futter mit Zucker, Farbstoffen oder künstlichen EWG-Zusatzstoffen absetzen.

✔ Täglich 1 TL Kamillentee und 1 TL VitaPulver (→ folgendes Rezept) dem Futter beimischen.

Rezept: 1 Tasse Torulahefeflocken (auf Melassenbasis) oder Edelhefeflocken (Fachhandel), $^1/_2$ Tasse Lezithingranulat (Reformhaus), $^1/_8$ Tasse Spirulina mit Ester-C Vitamin

Oft sind Ernährungsfehler die Ursache vermeintlicher Verhaltensprobleme.

Pulver (Versandhandel) oder ersatzweise Spirulina-Algenpulver und zwei Messerspitzen Ascorbinsäurepulver (Reformhaus oder Apotheke), $^1/_8$ Tasse Futterknochenmehl (Fachhandel) oder 2 TL Kalziumkarbonat (Fachhandel; Apotheke). Gut vermischen und in ein Glas mit Schraubdeckel füllen. Im Kühlschrank aufbewahren.

✔ Täglich 2-3 Tropfen Bachblütenmischung »Notfalltropfen« (aus der Apotheke) dem Trinkwasser beigeben, bis sich der Zustand bessert.

✔ 3-5mal wöchentlich 2 EL Katzenfutter durch 2 EL gekochtes Putenfleisch ersetzen (reich an L-Tryptophan, einer Aminosäure, die eine beruhigende Wirkung hat).

✔ Futternapf an einen ruhigen Platz stellen, an dem die Katze ungestört fressen kann.

Die Einzelgängerin Katze fühlt sich wohl in der Gesellschaft ihrer Artgenossinnen.

Neurotisches Verhalten: Übermäßiges Lecken oder Knabbern am eigenen Schwanz, Fressen von Kot oder Streu, Fressen von Wolle/Plastik.

✔ Hochwertiges Futter (am liebsten Trockenfutter) mit einem höheren Anteil an guten Fasern wie Vollkornreis, gemahlene Leinsamen oder Kleie füttern (auf der Futterpackung nachlesen).

✔ Bei Dose 1 TL des Futters täglich durch fein geriebene, kurz gedünstete Möhren ersetzen.

✔ Täglich 1 TL »VitaPulver mit Fasern« (→ folgendes Rezept) unters Futter mischen.

TIPP

Kastration

Kastrierte Katzen beziehungsweise Kater sind glückliche Tiere. Sie werden weder faul noch träge (es sei denn, man überfüttert sie), und auch ihr Charakter ändert sich nicht. Im Gegenteil, sie sind zufriedener und haben wieder Zeit und Lust zum Spielen und Schmusen. Nach heutigem Wissen spricht nichts gegen eine Frühkastration (5-6 Monate). Früh kastrierte Kater werden genauso groß und kräftig wie die später kastrierten, entwickeln den »Katerkopf«, und die Harnwege werden nicht anfälliger gegenüber Krankheiten. Auch eine Katze braucht keinen Wurf zu haben, um gesund und geistig ausgeglichen zu bleiben. Ein verantwortungsvoller Katzenbesitzer lässt seine Katze also so früh wie möglich kastrieren.

Rezept: 1 Tasse Torula- oder Edelhefeflocken, 1/2 Tasse Lezithingranulat , 1/8 Tasse Spirulina mit Ester-C oder ersatzweise Spirulina-Algenpulver und zwei Messerspitzen Ascorbinsäurepulver, 1 Tasse Hafer- oder Weizenkleie, 1/8 Tasse Futterknochenmehl oder 2 TL Kalziumkarbonat. Gut mischen und in ein Schraubdeckelglas füllen. Im Kühlschrank aufbewahren.

✔ Täglich 5-6 Tropfen Nachtkerzenöl oder 1 TL eines Fellaufbaupräparats mit Lachs- und Nachtkerzenöl ins Futter geben.

Unsauberkeit (wegen Blasenproblemen)

✔ Nur hochwertiges Futter mit einem hohen Anteil an den für den Körper gut verwertbaren Proteinen (hochwertiges Eiweiß wie Hühner- oder Lammtrockenfleisch).

✔ Nicht zu viel Getreide im Futter und keine pflanzlichen Eiweißextrakte beziehungsweise tierischen Nebenerzeugnisse.

✔ Täglich einige Tropfen Vitamin B-Komplex und Vitamin E unters Futter mischen.

✔ 2mal täglich 50 mg Vitamin C-Tablette (mit Pillengeber »Pillgun« vom Tierarzt) und 2-3 ml Blasentee (→ folgendes Rezept) mit Einwegspritze ohne Nadel in den Mund träufeln.

Rezept: 2 EL getrocknete Birkenblätter, 2 EL getrocknete Brennnessel und 1 EL getrocknete Goldrute (aus der Apotheke) 10 Minuten in 1/2 l kochendes Wasser ziehen lassen.

✔ 3-5mal wöchentlich 1-2 TL Preisselbeer- oder Tomatensaft (ungewürzt) unters Futter mischen, wenn die Katze das akzeptiert.

✔ Mehrere Wassernäpfe (aus Porzellan oder Glas!) in der Wohnung verteilen, möglichst weit weg vom Katzenklo und vom Futternapf.

Gesundheitliche Probleme

Viele vermeintliche Verhaltensprobleme rühren in Wirklichkeit von Problemen mit der Gesundheit her, das heißt, weil die Katze krank ist und sich nicht wohl fühlt, verhält sie sich anders. Eine immer gut gelaunte und liebe Katze, die plötzlich missmutig und mürrisch wirkte und anfing, andere Katzen in der Familie zu schlagen, wurde zum Tierarzt gebracht. Nachdem dieser einen vereiterten Zahn gezogen hatte, verschwand mit dem schmerzenden Übeltäter auch das aggressive Verhalten der Katze. Unsauberkeit hängt häufig mit einer Harnweginfektion, Nierenkrankheit oder Diabetes zusammen. Wenn Ihre Katze sich also auffällig verhält oder ihr Charakter sich plötzlich verändert, sollten Sie erst einmal zum Tierarzt gehen. Schieben Sie bitte nichts in die Schublade »Verhaltensstörungen«, bevor Sie sich nicht vergewissert haben, dass der Katze gesundheitlich nichts fehlt.

Die fünf häufigsten Problemfälle

Die wild lebende Katze ist Jägerin, und ihr Verhalten wird von ihren Überlebensinstinkten geregelt. Ein gewisses Maß an Ängstlichkeit, besser gesagt, Vorsicht und Aggressivität gehören dazu. Im Zusammenleben mit dem Menschen agiert die Katze sie gewöhnlich im Spiel aus, doch kann es passieren, dass diese an sich normalen Verhaltensformen durch Stress, falsche Behandlung oder einfach Langeweile (Katze ist unausgelastet, hat aufgestaute Energie) übersteigert und zum Problem werden.

Von schnurrender Mieze zu fauchendem Tiger

Eine Katze kratzt oder beißt nicht ohne Grund, das heißt, jegliches aggressive Verhalten hat eine Ursache. Diese zu erkennen und nach Möglichkeit zu beheben ist die einzige wirksame Behandlungsmethode. Die Katze für ihr Verhalten einfach zu bestrafen bringt nicht nur nichts, sondern verschlimmert das Problem, da sie Angst vor dem Menschen bekommt und das Verhältnis zwischen beiden beschädigt wird. Wenn die Katze immer eher freundlich gewesen ist und plötzlich angefangen hat, Aggressionen zu zeigen, sollten Sie zuerst gesundheitliche Störungen in Erwägung ziehen und die Katze vom Tierarzt untersuchen lassen (→ Seite 42). Erst wenn Sie sicher sind, dass sie gesund ist, können Sie nach anderen Gründen forschen.

Angstbeißer

Situation: Bewegt sich die Katze mit dem Bauch auf dem Boden, faucht oder knurrt sie leise, sträuben sich die Haare, sind ihre Ohren flach gelegt und nach hinten gedreht und die Pupillen riesengroß, deutet alles darauf hin, dass sie Angst hat.

Ursache: Schlagen, Anschreien, hektische Bewegungen, grober, ungeschickter Umgang zum Beispiel beim Kämmen oder Hochheben, schlechte Erfahrungen mit Kindern oder anderen Tieren, Angst vor unbekannten Situationen, mangelnder Kontakt zum Menschen als Katzenkind.

Abhilfe: Ihr viel Aufmerksamkeit widmen. Ruhig und freundlich mit ihr sprechen. Loben, wenn sie sich streicheln läßt. Sich langsam bewegen. Ankündigen, wenn Sie sich ihr nähern oder sie hochnehmen. Sanft und vorsichtig streicheln und bürsten sowie mit kreisenden Bewegungen massieren. Das wirkt beruhigend (→ Katzenmassage, Seite 59).

Langeweile verführt die Katze zum »Unsinntreiben«.

Hinweis: Wenn die Katze kratzt oder beißt, pusten Sie sie an. Besonders effektiv ist eine mit Luft gefüllte Spraydose (an Tankstellen), mit der Sie sie kurz »anfauchen«. Das Wort »Pssst« hat dieselbe Wirkung und ist eine Alternative zu »Nein«.

Streit ums Revier

Situation: Zwei Katzen, die bisher friedlich die Territorien innerhalb ihres Lebensraumes unter sich aufgeteilt haben, streiten sich nun darum – um einen Sessel oder um den Platz auf der Fensterbank.

Ursache: Eine Veränderung in der Wohnung hat stattgefunden: Renovierung, Umzug, eine Katze stirbt, eine neue kommt (→ Seite 32). Manchmal genügt es schon, wenn Ihre Katze eine andere durchs Fenster sieht.

Abhilfe:

✔ Wenn Nachbars Mieze der Auslöser ist, ziehen Sie vor das Fenster, durch das Ihre Katze in den anderen Garten schauen kann, eine Weile lang einen Vorhang.

✔ Sorgen Sie für eine katzengerechte Gestaltung der Wohnung mit vielen interessanten Plätzen in verschiedenen Höhen.

✔ Respektieren Sie die privaten Lieblingsplätze der Katzen: nicht den heißgeliebten, wenn auch unansehnlichen Sessel entfernen und nicht alle zwei Monate die Möbel umstellen.

✔ Verwischen Sie die Reviergrenzen. Die Streithähne ein paar Tage lang in separaten Zimmern halten. Danach für einen Tag die Zimmer tauschen. Kehrt dann jede in »ihr« Zimmer zurück, findet sie den Duft der anderen vor. Nun jede Katze in einem eigenen Transporter in ein drittes Zimmer (Niemandsland) tragen und sich dort sehen und riechen lassen. Dann unter Ihrer Aufsicht das neue Revier inspizieren lassen. Einen Eimer Wasser bereit halten. Falls sich die beiden aufeinander stürzen, können Sie sie mit einer kalten Dusche trennen. Wenn sich die Katzen allerdings gar nicht riechen können, was manchmal passiert, gibt es keine andere Lösung, als sie permanent zu trennen.

Hinweis: Gegen die Aggression zwischen zwei sexuell ausgereiften Katern existiert nur ein einziges wirksames »Heilmittel«: die Kastration.

Pack die Hand

Situation: Die Katze krallt sich beim Spielen in Ihre Hand oder beißt. Sie greift aus dem Hinterhalt Ihre Füße an.

Ursache: Eine Katze ist und bleibt eine Jägerin. Auch wenn sie gut ernährt ist, wird sie auf die Pirsch gehen. In der Wohnung kann sie diesem Jagdinstinkt nicht mehr folgen. Wird zu wenig mit ihr gespielt, staut sich zu viel Energie an, die sie nicht abreagieren kann. Das daraus resultierende aggressive Spiel ist also nur eine scheinbare Aggressivität und richtet sich im Grunde gegen die Beute, an deren Stelle die Katze Ihre Hand oder Ihren Fuß nimmt.

Mieze ist nicht aus Laune plötzlich aggressiv. Es gibt immer einen Grund dafür.

Für eine Katze ist alles, was sich bewegt, Beute. Auch der Goldfisch im Zierteich.

Abhilfe: Sich viel mit der Katze beschäftigen, mehr spielen, sie oft streicheln und mit ihr »plaudern«. Eine zweite Katze als Spielkameraden anschaffen. Wenn sich die Katze beim Spielen in Ihre Hand krallt, diese nicht wegziehen, sondern ihr überlassen. Dann lösen sich die Krallen. Wird das Spiel zu rabiat, fiepen Sie wie ein Kätzchen, dann lässt sie los. Beißt die Katze, sollten Sie aufhören zu spielen und sie eine Weile ignorieren. Das möchte sie nicht, und sie wird lernen, nicht mehr so wild zu sein.

Der unsichtbare Feind

Situation: Ein Kater begrüßt abends seinen Besitzer mit Fauchen und Tatzenhieb. Manchmal greift er ihn sogar an und beißt ihn in den Fuß. Ihre Katze regt sich plötzlich sehr auf und läuft knurrend zur Tür. Als Sie sie beruhigen wollen, haut sie nach Ihnen mit der Krallenpfote.

Ursache: Es handelt sich hier um eine so genannte Konflikt-Entlastungs-Reaktion. Der Kater wird tagsüber häufig zum Beispiel von Kindern gehänselt, wehrt sich jedoch nicht dagegen, sondern reagiert sich erst abends an seinem Menschen ab. Die Katze hört ein Geräusch (Hund, fremde Katze), das sie sehr aufregt. Da sie den »Feind« nicht erreichen kann, wird die aufgestaute Aggression auf Sie umgeleitet.

Abhilfe: Wenn die Katze sehr erregt ist, am besten in Ruhe lassen (→ Katzensprache, Seite 15). Sie können auch versuchen, ihre Aufmerksamkeit auf Spielsachen umzulenken. Beim Spielen kann sie sich abreagieren. Passiert es häufig, sollten Sie herausfinden, was oder wer die Katze ständig aufregt, und den Stressfaktor abschaffen.

Hör auf zu streicheln!

Situation: Die Katze liegt schnurrend auf Ihrem Schoß, hat die Augen zu oder halb offen und lässt sich kraulen. Nach einer Weile hört sie auf zu schnurren; plötzlich richtet sie sich auf, beißt in Ihre Hand und springt hinunter.
Ursache: Katzen putzen sich oft gegenseitig und schlagen sich am Ende. Sie mögen kurze Streicheleinheiten, die das Lecken mit der Zunge nachahmen. Aber wenn ihnen die Berührung auf die Nerven geht und der andere nicht gleich kapiert, beißen oder kratzen sie.
Abhilfe: Lernen Sie Ihre Katze kennen. Wenn ihre Toleranzgrenze nach fünf Minuten erreicht ist, hören Sie mit dem Streicheln nach vier Minuten auf. Achten Sie auf die Körpersignale, mit denen sie sagt, wann sie genug hat (→ Seite 15). Wenn sie nicht gestreichelt werden will, sollten Sie das respektieren.

Das Katzenklo muss die richtige Streu enthalten und sauber sein.

Gelernte Aggression

Situation: Die Katze reagiert gegen Kinder oder Hunde sehr aggressiv, auch wenn diese sich freundlich nähern.
Ursache: Sie wurde gejagt oder geärgert, verteidigte sich mit Krallen und Zähnen und lernte somit, sich aggressiv zu verhalten.
Abhilfe: Bringen Sie die Katze in einer für sie angenehmen Situation mit einem Kind oder einem Hund zusammen (→ Seite 33). Das Kind etwa sollte nicht auf die Katze zugehen, sondern ihr nur ein paar Leckerli anbieten und geduldig warten, bis diese von selbst kommt.

Will nicht angefasst werden

Situation: Die Katze wehrt sich gegen das Anfassen und beißt, wenn Sie sie kämmen wollen.
Ursache: Sie wurde nicht an Berührungen gewöhnt, als sie klein war (→ Seite 37). Oder sie hat unangenehme Erfahrungen gemacht. Vielleicht wurde sie falsch hochgehoben oder zu grob behandelt (→ Tipp, Seite 10).
Abhilfe: Lernen Sie, die Katze richtig zu pflegen (→ Seite 25). Gehen Sie am Anfang ganz langsam vor. Streicheln Sie ihr beim Bürsten immer wieder kurz über den Kopf und sprechen Sie mit ihr ruhig und freundlich – das ist wichtig.

Unerklärliche Aggression

Manchmal wird eine Katze auch aggressiv, weil sie sich entweder langweilt oder im Gegenteil, weil sie zu viel Stress hat (viel Unruhe, Veränderungen, ein Baby, ein neues Haustier). Widmen Sie ihr genügend Aufmerksamkeit, lassen Sie sie am Familienleben teilnehmen, reden und spielen Sie mit ihr. Nicht einfach einen Haufen Spielsachen auf den Boden werfen – die Katze möchte, dass Sie mit ihr spielen.

Verhaltensprobleme der Katze

Diese Symptome zeigt die Katze	Mögliche Ursachen	So reagiere ich richtig
Dominanz, Beißen, Kratzen; ständig schlechte Laune; evt. Unsauberkeit.	Territoriale Aggression; hormonale Veränderungen (Markieren); gesundheitliches Problem.	Ursache finden und beseitigen; kastrieren lassen; Gesundheitscheck beim Tierarzt.
Müdigkeit, Apathie, Verstecken.	Langeweile; Kontaktscheu und Ängstlichkeit; veränderte Familienverhältnisse; falsche Erziehungsmethoden: Bestrafung; gesundheitliche Probleme.	Sich viel mit der Katze beschäftigen und spielen; ihr Zeit geben, sich umzugewöhnen, und mit viel Geduld unterstützen; ruhige Umgebung anbieten; die Katze verstehen lernen, sie richtig erziehen.
Ungehorsames Verhalten; Kratzen an Möbeln, Menschenfüße attackieren.	Beute- und Spiel-Aggression; falsche Erziehung; zu wenig Spiel- und Beschäftigungsmöglichkeiten; keine katzengerechte Umgebung; aufgestaute Energie.	Energie in richtige Bahn lenken durch Gestaltung einer aufregenden Umgebung mit vielen Beschäftigungsmöglichkeiten; mit der Katze spielen; ihr beibringen, was sie tun darf und was nicht.
Unruhe, Appetitlosigkeit, Urinspritzen an senkrechten Stellen, Köpfchen an Gegenständen ständig reiben.	Liebeskummer bei unkastrierten Tieren; territoriales Markierungsverhalten.	Kastration bringt Abhilfe.
Aufdringlichkeit, Quengeln, heikler Fresser.	Verhätscheln und übermäßiges Verwöhnen; Mangel an Erziehung und Beschäftigungsmöglichkeiten; falsche Fressgewohnheiten.	Vielfältige Beschäftigungsmöglichkeiten anbieten; die tatsächlichen Bedürfnisse der Katze kennen lernen; richtig erziehen; zwischendurch in Ruhe lassen; regelmäßige Mahlzeiten mit hochwertigem Futter einführen; dazwischen wegräumen; nicht zu viel abwechseln.
Gereizt, bewegt sich geduckt, schläft nur auf geschützten Plätzen.	Angst-Aggression; wird von anderen Katzen/Tieren/Kindern geärgert; zu häufiges und zu langes Alleinsein; Umzug; veränderte Familienverhältnisse; Mangel an Zuwendung; falsche Erziehungsmethoden.	Richtigen Umgang mit der Katze lernen und auch Kindern beibringen; sich viel mit der Katze beschäftigen; ihr Zeit geben, um sich umzugewöhnen; ein eigenes kleines Reich mit ihren Sachen einrichten; Rückzugsmöglichkeiten anbieten.

Unsauberkeit

Da Katzen in der Regel sehr saubere Tiere sind, ist Unsauberkeit immer ein ernsthaftes Zeichen dafür, dass etwas nicht stimmt. Ihre Umgebung beschmutzen sie nicht aus Bösartigkeit, sondern weil sie unter großem Stress stehen. Deshalb ist Strafe vollkommen falsch am Platz. Sie erhöht nicht nur den Stress, sondern verstärkt auch noch das Problem. Das lässt sich einzig und allein nur ausräumen, indem Sie die Ursache dafür finden und beseitigen.

Was Sie bei Unsauberkeit tun können

Nicht immer lässt sich der Ursache für Miezes Unsauberkeit sofort auf die Spur kommen. Da heißt es, sich in Geduld fassen und Ihrer Katze nicht die Liebe entziehen, die sie jetzt so nötig braucht. So sollten Sie sich verhalten:

Katzen mögen es sehr, wenn sich »ihr« Mensch mit ihnen beschäftigt.

✔ Sofort mit einem Leckerbissen belohnen, wenn die Katze ihre Toilette benutzt.
✔ Niemals bestrafen. Das stresst die Katze nur noch mehr und verschlimmert das Problem, da sie glauben muss, dass Urinieren/Kot absetzen etwas Schlimmes ist.
✔ Mehrere Klos an verschiedenen, für die Katze leicht zugänglichen Orten aufstellen.
✔ Privaträume schaffen, wo die Katze für einen Teil des Tages allein und ungestört sein kann.
✔ Sich noch intensiver mit den Bedürfnissen der Katze beschäftigen. Je besser Sie sie kennen, sowohl in Bezug auf Toilette und Streu,

als auch auf Umfeld und Haltung sowie Ernährung, desto eher vermeiden Sie Stress.

Und so gehen Sie Schritt für Schritt vor:

✔ Verschmutzte Stellen mit einem guten Geruchsentferner gründlich reinigen und zum Schluss mit Orangenöl (ätherisches Öl) betupfen – die beste Art der Geruchsentfernung.

✔ Katze vom Problemort fern halten beziehungsweise diesen für die Katze uninteressant machen. Falls sie eine Vorliebe für bestimmte Materialien wie Bettdecke, Badvorleger oder Badewanne entwickelt hat, nicht mehr ins Bad oder Schlafzimmer lassen. Oder das Material verfremden, ein Wachstischtuch auf die Bettdecke legen, etwas Wasser in die Badewanne einlassen usw. Oft sind ein paar Versuche nötig, um ein Material zu finden, das der Katze nicht gefällt. Lassen Sie es einige Wochen auf der zuvor gründlich gereinigten Stelle, bis die Katze wieder eine Zeit lang konsequent das Klo benutzt und die Stelle vergessen hat. Danach können Sie die Abdeckung ganz langsam (immer nur einen Streifen davon abschneiden) über einen Zeitraum von mehreren Wochen entfernen.

✔ Katzenklo häufiger reinigen. Allerdings wird die Katze nicht sofort wieder sauber. Da sie gelernt hat, dass Toiletten ekelerregend sind, wird sie sie gar nicht aufsuchen. Das heißt, sie muss sie erst wieder neu entdecken, und das kann einige Zeit dauern. Geben Sie nicht auf! (→ Das Katzenklo gefällt nicht, Seite 50)

✔ Weitere Katzenklos an anderen Stellen des Hauses/der Wohnung aufstellen.

✔ Verschiedene Klos ausprobieren: größer, kleiner, höher, niedriger, mit und ohne Deckel.

✔ Verschiedene Streuarten in verschiedenen Katzenklos testen.

✔ Eine Toilette auf der Stelle platzieren, die die Katze als Klo benutzt hat. Ist es ein für Sie unpassender Ort (zum Beispiel mitten im Wohnzimmer), schieben Sie das Klo – sobald die Katze es wieder zu benutzen beginnt – zentimeterweise an eine andere Stelle.

✔ Die Stellen, die von der Katze beschmutzt werden, mit zusätzlichen Futter- und/oder Wasserschüsseln »besetzen«. Sobald die Katze wieder sauber ist, entfernen.

Für ganz hartnäckige Fälle – wenn Sie wirklich alles ausprobiert haben – gibt es noch eine Behandlungsmethode: Ein Zimmer mit Kunststoff-Folie auslegen und die Katze einige Tage lang samt der Toilette dort unterbringen. Machen Sie aus dieser Zeit des engen Zusammenseins mit Ihrer Samtpfote etwas Schönes. Beschäftigen Sie sich viel mit ihr, und loben und belohnen Sie sie, wenn sie ihre Toilette benutzt. Schließlich ist es keine Bestrafung, sondern die ultimative Toilettentrainingsmethode.

Gesundheitsgründe

Vergewissern Sie sich zuerst, dass Ihrer Samtpfote gesundheitlich nichts fehlt, und lassen Sie sie auch vom Tierarzt untersuchen (→ Seite 42). Der kann ein Blutbild machen, um sicher zu gehen, dass die Katze nicht unter Nierenproblemen oder Diabetes leidet.

Eine Katze schreit oft aus purer Langeweile und braucht mehr Beschäftigung.

✔ Für Kot absetzen außerhalb des Katzenklos: Verstopfte, entzündete Analdrüsen (die Katze robbt mit dem Hintern über den Teppich) oder Durchfall.
Abhilfe: Analdrüsen müssen vom Tierarzt entleert werden. Hochwertige Nahrung mit genügend Faseranteil füttern (Vollkornreis oder Kleie). Auf der Packung nachlesen (im Fachhandel erhältlich).
Bei Durchfall ein paar Tage Diät mit gekochtem Hühnerfleisch und gekochtem Reis/Haferflocken, danach langsame Umstellung auf hochwertige Nahrung. Bei sehr hartnäckigem Durchfall Kotprobe zum Tierarzt bringen, damit Parasiten (auch Kokzidien) ausgeschlossen werden können, und ein Blutbild machen lassen.
✔ Für Urinieren außerhalb des Katzenklos: Blasenentzündung, Diabetes, Nierenproblem, Inkontinenz aus Altersgründen. Symptome: Häufiger Drang zum Urinieren, kühle glatte Oberflächen (Badewanne, Spüle) werden bevorzugt, viele kleine Pfützen oder Blut im Urin, harter, vergrößerter Unterbauch, Müdigkeit, Jammern, vermehrter Durst.
Abhilfe: Ist die Katze schon alt, mehrere leicht zugängliche Toiletten aufstellen, damit der jeweilige Weg nie lang ist und sie rechtzeitig das Klo erreicht.
Wenn Sie eine Blasenentzündung vermuten, 2 Tage 250 mg Vitamin C-Tablette (Pulver nur in viel Flüssigkeit aufgelöst, sonst ist es zu sauer und kann die Speiseröhre reizen) und 3mal täglich 5 Tropfen Cantharis Miniplex (Firma Inter-Vet) oder 7-8mal alle 15 Minuten 1 Tablette Reneel (Firma Heel), bis Besserung eintritt. Zusätzlich 3mal täglich 2 ml Blasentee (Tropfen mit Tee mischen) mit einer Einwegspritze ohne Nadel seitlich in den Mund träufeln. Wenn nach 2 Tagen keine Besserung eintritt oder die Katze keinen Urin mehr absetzen kann, sofort zum Tierarzt gehen. Nachbehandlung → Ernährungstipps: Unsauberkeit wegen Blasenproblemen, Seite 42. Mit Teststreifen (aus der Apotheke) den pH-Wert des Urins regelmäßig kontrollieren: Er sollte zwischen 6 und 6,5 liegen.

Markieren

Ursache: Geschlechtsreife Katzen haben das Bedürfnis, ihr Revier zu markieren. Für das normale Urinieren benutzen sie zwar ihre Toilette, doch darüber hinaus bevorzugen sie bestimmte Stellen in der Wohnung, die sie mit ihren »Duftmarken« versehen. Auch kastrierte Katzen können markieren, wenn sie sich in ihrer Umgebung plötzlich unsicher fühlen. Jede kleinste Veränderung kann die Unsicherheit hervorrufen und das Markierverhalten auslösen: Tod/Scheidung in der Familie, lange Abwesenheit des Besitzers, neues Familienmitglied.
Abhilfe: Lassen Sie Ihr Tier kastrieren (→ Tipp, Seite 42). Widmen Sie ihm viel Aufmerksamkeit und Liebe. Am meisten Angst hat die Katze vor allem Unbekannten. Versuchen Sie die gewohnten täglichen Routinen wieder herzustellen.

Das Katzenklo gefällt nicht

Ursache: Das Katzenklo ist nicht makellos sauber. Sie haben vor kurzem die Toilette/Streu gewechselt, und das eine oder andere gefällt Ihrer Katze nicht. Zum Beispiel ist für sie das richtige Gefühl unter den Pfoten sehr wichtig. Wenn sie die Streu nicht mag, gräbt oder scharrt sie nicht wie gewohnt, sondern verlässt die Toilette sehr schnell und schüttelt die Pfoten. Der Standplatz ist nicht richtig, das heißt, Mieze hat dort nicht genügend Ruhe. Oder sie verbindet damit etwas Unangenehmes. Eine Katze, die auf ein Klohaus ging, klemmte sich mal die Pfote zwischen Tür und Rand ein und benutzte es danach nie wieder. Manchmal ist auch der Besitzer schuld, dass seine Samtpfote die Toilette nicht mehr benutzen will, etwa, weil er sie

hineingesetzt oder gar festgehalten und mit den Pfoten darin gescharrt hat. Katzen hassen Zwang, und das kann bei Ihnen eine Abneigung gegenüber der Toilette hervorrufen.
Abhilfe: Toilette und Streu richtig wählen und platzieren, immer sauber halten, Streu nicht von heute auf morgen wechseln, sondern die Katze langsam daran gewöhnen (→ Seite 18/19).

Angst
Ursache: Die Katze hat vor anderen Katzen oder Tieren und Kindern im Haushalt Angst. Deswegen zieht sie sich in ein Versteck zurück, und da sie es nur ungern verlässt, beginnt sie dort auch ihr Geschäft zu machen. Oder sie hat Angst, weil ihr im Badezimmer zum Beispiel eine Klopapierrolle auf den Kopf fiel, als sie in ihrer Toilette herumscharrte.
Abhilfe: Sorgen Sie dafür, daß die Katze nicht von Kindern oder anderen Haustieren gestört oder geärgert wird und dass sie in ihrer Toilette genügend Platz zum Umdrehen und Scharren hat. Stellen Sie die Toilette an einen ruhigen Ort, nicht etwa neben eine laute Waschmaschine. Bauen Sie ihre Angst ab, zum Beispiel mit Hilfe von Bachblütentherapie, Notfalltropfen, oder auf sie charakterlich abgestimmte Tropfen. Hilfe bekommen Sie vom Tierheilpraktiker (→ Tipp, Seite 54).

Aufdringlichkeit

Eine Katze, die dauernd um Aufmerksamkeit bettelt, ihren Menschen nicht in Ruhe lässt, schreiend hinter ihm herläuft oder sich auf andere Weise unangenehm oder lautstark bemerkbar macht, kann einem ziemlich auf die Nerven gehen. Meistens fühlt sie sich allein gelassen oder ist in ihrem Bewegungsdrang unterfordert. Darauf mit Ungeduld oder Abwehr zu reagieren würde sie nicht verstehen und das Problem nur vergrößern.

Der Schreihals
Situation: Die Katze streunt in der Wohnung herum und miaut, wenn sie nicht gerade schläft oder frisst. Sie sitzt auf dem Schrank, schaut sich die Wände an oder fixiert den Blick auf einen bestimmten Punkt und schreit. Besonders schlimm ist es nachts.
Ursache: Die Katze ist einsam oder gelangweilt.
Abhilfe: Bieten Sie Ihrer Katze eine artgerechte, abwechslungsreiche Umgebung (→ Seite 9). Spielen Sie mit ihr vor dem Schlafengehen.
Gerade abends sollte sie viel Beschäftigung haben, damit die am Tage aufgestaute Energie verbraucht wird. Sie ist ja von Natur aus ein nachtaktives Tier, und wenn sie den ganzen Tag vor sich hin gedöst hat, ist sie nachts hellwach und langweilt sich, weil im Haus nichts los ist. Sie können ihr auch eine zweite Katze dazugesellen, aber achten Sie darauf, dass beider Persönlichkeiten zusammen passen (→ Katze und andere Katze, Seite 32).

Eine Katze, die Sie zu unziemlicher Zeit weckt, sollten Sie einfach ignorieren.

Der morgendliche Wecker

Situation: Verwandt mit dem Schreihals ist der morgendliche »Wecker« unter den Katzen. Manch eine ist sehr beharrlich und bedient sich aller möglichen Tricks, um ihren Menschen zum Aufstehen zu bewegen; miauen, mit der Pfote ins Gesicht fassen, anstarren, Gegenstände von Tisch oder Fensterbank systematisch auf den Boden werfen. Andere werden rabiat und kratzen oder beißen in die Füße. Schließlich kapituliert der Mensch und steht auf, um der Katze Futter zu geben. Damit belohnt er ihr Verhalten; sie hat erreicht, was sie wollte, und am nächsten Morgen beginnt derselbe Terror wieder von vorn.

Abhilfe: Egal, was die Katze anstellt, Sie müssen sie ignorieren. Es ist ganz wichtig, dass Sie absolut ruhig bleiben. Schreien Sie die Katze nicht an, und schimpfen Sie nicht mit ihr. Damit erreichen Sie höchstens das Gegenteil, denn Sie würden Sie Mieze in ihrem Verhalten nur bestätigen, da sie ja Aufmerksamkeit fordert. Räumen Sie vorher alles weg, was sie hinunterwerfen kann. Denn anfangs wird sie noch mehr Theater machen, da sie natürlich nicht versteht, warum Sie plötzlich nicht mehr tun, was sie will. Halten Sie nur durch. Stehen Sie auf, wann Sie wollen und nicht die Katze. Gehen Sie ins Bad, erledigen Sie etwas, bevor Sie sie füttern. Die Katze darf die Fütterung auf keinen Fall mit dem Aufstehen verbinden.

Wenn sie noch jung ist und nachts so randaliert, dass Sie überhaupt nicht mehr schlafen können, sperren Sie sie aus dem Schlafzimmer. Richten Sie ihr in einem anderen Raum einige gemütliche Schlafplätze ein (→ Seite 9), und schließen Sie die Tür. Sie wird höchstwahrscheinlich wie wild dagegen trampeln. Dem beugen Sie vor, indem Sie doppelseitiges Klebeband an der Tür anbringen. Die Katze bekommt klebrige Pfoten, und da sie das unangenehm findet, wird sie nach dem ersten Versuch aufhören.

Ein Kletterbaum muss auch wilden Verfolgungsjagden stand halten und darf nicht wackeln oder gar umfallen.

Zerstörungswut

Die Katze ruiniert den neuen Teppich, kratzt an der Couch anstatt am Kratzbaum und gräbt die Geranien um oder frisst sie. Anschreien, einen Klaps geben oder mit Wasser besprühen bringt gar nichts. Die Katze bekommt bloß Angst vor Ihnen, kratzt oder knabbert jedoch nach wie vor, aber nur dann, wenn Sie es nicht sehen. Das heißt, die Zerstörung bleibt die gleiche. Kratzen liegt in der Natur der Katzen. Sie als Katzenbesitzer/in müssen also auf Lösungen sinnen, die diesem Bedürfnis entgegenkommen, ohne dass Ihre Einrichtung demoliert wird.

✔ Machen Sie die Möbel als Kratzobjekte unattraktiv. Die jeweiligen Stellen mit einem Wachstischtuch (die glatte Oberfläche fühlt sich nicht gut an beim Kratzen) oder mit doppelseitigem Klebeband abdecken.

Vorsicht: Vom Knabbern an Blumen kann Ihre Katze sehr krank werden.

✔ Bieten Sie Alternativen zum Kratzen an. Die Kratzbäume und -bretter sollten vor allem katzengerecht sein und nicht nur dem Menschen gefallen (→ Seite 23).

✔ Achten Sie besonders auch darauf, dass das Material stimmt. Katzen kratzen gerne an rauen, widerstandsfähigen Oberflächen, in denen die Krallen richtig einsinken können.

✔ Die Platzierung sollte der Katze gefallen und nicht Ihnen.

✔ Der Baum muss robust und stabil sein und darf nicht etwa wackeln oder gar umkippen.

✔ Stellen Sie mehrere Kratzmöglichkeiten zur Verfügung: Am Türrahmen ein Kratzbrett, einen

TIPP

Hilfe vom Therapeuten

Viele Probleme können gelöst werden, wenn es dem Katzenbesitzer gelingt, die Ursache aufzuspüren und zu beseitigen. Manchmal aber wird Fehlverhalten, das bereits sehr lange existiert und gegen das nichts unternommen wurde, zur Gewohnheit. In diesem Fall ist auch der Grund nicht mehr zu finden. Oder die Katze ist extrem verhaltensgestört, zum Beispiel so aggressiv, dass der Katzenbesitzer dem Problem allein nicht mehr beikommen kann. Dann ist es angebracht, Hilfe bei einem Verhaltensexperten zu suchen (Tierarzt, Heilpraktiker, Katzenpsychologe, manchmal auch der Züchter). Ihr Tierarzt oder Heilpraktiker kann Ihnen meistens bei der Suche helfen.

oder besser zwei Kratz- und Kletterbäume in verschiedenen Räumen, in einer Zimmerecke einen gerade oder schräg stehenden Kratzpfosten, in der anderen einen liegend. Katzen lieben die Abwechslung und richten sich beim Kratzen gerne auch mal auf.

✔ Streicheln, loben und belohnen Sie die Katze, wenn sie an ihren Kratzmöbeln statt an Ihrem Sofa kratzt.

Hinweis: Bitte tragen Sie Ihre Katze nicht zum Kratzbaum und fahren mit ihren Pfoten daran auf und ab. Das hasst sie, denn jeder Zwang ist ihr ein Greuel, und sie wird den Baum dann erst recht meiden. Kratzen Sie lieber selbst regelmäßig daran, zum Beispiel wenn Sie nach Hause kommen. Dann kommt sie schon neugierig gelaufen und macht es Ihnen nach.

Kratzen als Markierung

Situation: Ihre Katze hat bis jetzt nur ihren Kratzbaum benutzt. Auf einmal fängt sie an, an Möbeln oder Wänden in der Nähe von Türen und Fenstern zu kratzen.

Ursache: Manchmal ist ein neues Familienmitglied, ein Umzug oder ähnliches der Auslöser dafür, dass die Katze sich in ihrem Revier unsicher und bedroht fühlt. In diesem Fall dient das Kratzen rein dem Markierungsbedürfnis.

Abhilfe: Versuchen Sie die Ursache zu finden und das Sicherheitsgefühl der Katze durch extra Schmuse- und Spielstunden sowie gewohnte Tagesroutinen wieder herzustellen. Die Stellen mit einem Geruchsentferner behandeln (zum Beispiel Orangenöl), und danach wie auf Seite 53 beschrieben abdecken. Einen zusätzlichen Kratzpfosten aus Holz in der Nähe der Tür/des Fensters anbringen – Holz nimmt den Duft der Katze sehr gut an und befriedigt das Bedürfnis nach Markieren.

Pflanzen fressen

Situation: Katzen und Blumen passen nicht zusammen. Viele Pflanzen sind für sie unverträglich oder giftig. Andere wiederum können die Magenschleimhaut sehr reizen, zum Beispiel auch das oft empfohlene Zypergras.

Abhilfe: Informieren Sie sich, welche Pflanzen giftig sind. Stellen Sie sie so, dass sie für die Katze unerreichbar sind (zum Beispiel in Hängeampeln). Bepflanzen Sie dafür ein Beet/ Blumenkasten/Topf mit Katzenminze, Hafer und vor allem mit Küchenkräutern wie Petersilie, Thymian, Salbei, Schnittlauch, Alfalfa oder Wasserkresse. Weizen nur, wenn die Katze keinen empfindlichen Magen hat.

Gräbt Ihre Katze die Pflanzen nur aus, empfiehlt es sich, die Erde mit Kieselsteinen zu bedecken. Steine findet die Katze nicht so interessant wie weiche, duftende Erde.

Hinweis: Oft knabbern Katzen auch an Elektrokabeln. Verstecken Sie diese am besten in Kabelkanälen (aus dem Baumarkt). Wenn das nicht immer möglich ist, Kabel mit ein paar Tropfen Orangenöl oder Tabasco einreiben. Auf jeden Fall Stecker ziehen, bevor Sie das Haus verlassen.

Der Suppenkasper

Wild lebende Katzen sind nicht heikel. Tagaus, tagein fressen sie nur Mäuse, selbst wenn sie andere Beutetiere, etwa Vögel, erlegen. Denn auch diese sind in der Nährstoff-Zusammensetzung mit Mäusen identisch. Es gibt keine Abwechslung in der Natur.
Katzen lernen jedoch recht schnell, heikel zu sein. Vor allem wissen sie genau, wie sie am besten die Nachgiebigkeit ihres Menschen ausnutzen. Manche sind regelrechte »Hungerkünstler«, das heißt, sie verschmähen das Futter so lange, bis Sie es zähneknirschend durch den begehrten Leckerbissen ersetzen. Dann hat Mieze bereits gewonnen, aber meistens nicht zu ihrem Besten. Wer glaubt, dass eine Katze rein instinktmäßig schon das Richtige frisst, befindet sich auf dem Holzweg. Nur Häppchen in Jelly oder nur Frischfleisch pur ist auf die Dauer viel zu einseitig.

Warum die Katze heikel wird

✔ Ihre Katze verweigerte einmal ein Futter, da sie in dem Moment vielleicht nicht hungrig war. Weil Sie ihr schnell ein anderes Futter anboten, lernte sie: Wenn ich eine Futtersorte nicht fressen will, bekomme ich etwas anderes.
✔ Ihre Katze will Aufmerksamkeit und erhält sie durch Futterverweigerung. Sie hat gemerkt, dass Sie sich dann besonders um sie kümmern, versuchen, sie zum Essen zu locken, allerlei Leckerlis anbieten und Ähnliches.
✔ Ihre Katze hat nie Hunger, nie richtig Appetit. Sie hat nämlich immer Futter im Napf, und der ständige Geruch verdirbt ihr den Appetit.

Was Sie tun können

✔ Wählen Sie eine gute, qualitative Futtersorte (im Fachhandel erhältlich), und beginnen Sie damit, ein Viertel vom alten Futter mit dem neuen zu ersetzen. Täglich den Anteil des neuen Futters ein wenig erhöhen, bis die Katze nach etwa 14 Tagen nur noch dieses frisst. Bleiben Sie dann dabei. Wenn Sie wollen, können Sie ihr zwei bis drei weitere Geschmacksrichtungen anbieten. Eine Sorte Dose oder Trockenfutter tut es aber auch. Dose lässt sich auch prima mit Trockenfutter mischen.
✔ Füttern Sie nie »quer Beet«, das heißt Futtersorten verschiedener Qualität, mal Premium, mal Supermarktfutter. Durch den ständigen Wechsel belasten Sie den Verdauungsapparat der Katze zu sehr und riskieren schwerwiegende, chronische Verdauungsstörungen.

Katzenminze versetzt Mieze in einen bekömmlichen Glücksrausch.

✔ Führen Sie Fütterungszeiten ein. Ihrer erwachsenen Katze sollten Sie zwei Mahlzeiten am Tag anbieten, morgens und abends immer zur selben Zeit. Was nach einer halben, spätestens einer Stunde nicht gefressen ist, räumen Sie weg. Zwischendurch darf nichts stehen bleiben. Trockenfutter ist auch eine Mahlzeit und sollte nicht zum ständigen Knabbern im Napf liegen. »Viele wohlmeinende Katzenfreunde machen den Fehler, die Katze nie hungrig werden zu lassen«, schreibt der Verhaltensforscher Paul Leyhausen. »Damit aber nehmen sie ihr die größte Freude: die Freude am Essen. Nicht bei jeder Mahlzeit braucht man so viel zu geben, dass etwas übrig bleibt.
Reste sollten auch nicht regelmäßig zur weiteren Verfügung stehen. Hunger ist auch bei Katzen der beste Koch.«

Menschennahrung schmeckt zwar gut, ist auf Dauer jedoch viel zu einseitig für Katzen.

✔ Für Katzen, die mit dem »Suppenkasperdasein« eigentlich nur um mehr Aufmerksamkeit betteln, sollte die Mahlzeit möglichst interessant gemacht werden. Gestalten Sie sie zu einem Ritual, indem Sie Ihre Katze zum Beispiel dazu trainieren, Pfötchen zu geben, bevor Sie sie füttern. Wenn sie zwischen den Mahlzeiten bettelt, geben Sie ihr statt Futter Streicheleinheiten, und beschäftigen Sie sich mit ihr.
✔ Stopfen Sie Ihre Katze zwischen den Mahlzeiten nicht mit Leckerlis voll. Dann hat sie nämlich auch keinen Hunger. Leckerlis sollten das bleiben, was sie sind: seltene Belohnungshäppchen.

Nützliche Tips

✔ Nicht aus Plastiknäpfen füttern. Plastiknäpfe bewahren den Geruch von altem Futter, selbst nach dem Spülen. Oder sie riechen nach Öl (Plastik ist ja ein Nebenprodukt der Ölindustrie), zumindest für die Katze mit ihrer feinen Nase. All das wird bei Keramik-, Glas- oder Metallgeschirr vermieden. Viele Katzen reagieren auch allergisch auf Plastik (Kinnakne).

✔ Reste nie in der Futterdose lassen. Metall, das mit Sauerstoff in Berührung kommt, beginnt zu oxidieren und gibt dem Futter einen Beigeschmack und reichert es im ungünstigen Fall mit Blei und anderen Schwermetallen an. Futterreste zum Beispiel in eine Gefrierdose umfüllen und im Kühlschrank aufbewahren.

✔ Futter nie direkt aus dem Kühlschrank füttern. Kaltes Futter ist nicht artgerecht und deshalb unappetitlich und kann zu Verdauungsproblemen wie Gastritis führen. Entweder heißes Wasser darunter rühren oder kurz anwärmen.

Krisenzeiten

Viele Verhaltensprobleme werden durch Feiertags- oder Urlaubsstress hervorgerufen. Hektik, viel Besuch und ungewohnter Lärm können die Katze stark verängstigen. Richten Sie für Mieze ein ruhiges Zimmer mit ihren Lieblingssachen ein, und installieren Sie sie dort weit weg vom Trubel. Besuchen Sie sie zwischendurch, streicheln Sie sie und schmusen Sie mit ihr. Antistress-Tabletten (Fachhandel) haben schon vielen Katzen zur Silvesterzeit geholfen.

Während des Urlaubs bleibt die Katze am besten zu Hause in ihrer gewohnten Umgebung. Die Pflegeperson sollte die Katze vorher kennen lernen und sie zumindest in den ersten beiden Tagen Ihrer Abwesenheit zwei Mal täglich besuchen und etwas Zeit mit ihr verbringen. Hinterlassen Sie Fütterungs- und Pflegehinweise schriftlich. Folgende Antistress-Tipps haben sich bewährt:

✔ 2 TL VitaPulver (→ Rezept Seite 42) und 1 Messerspitze Vitamin C täglich unters Futter mischen (mindestens 2 Tage vor der Abreise damit anfangen).

✔ 2 Wochen vor Abreise der Katze keine Katzenminze oder -spielzeug geben. Dafür bringt die Pflegeperson am ersten Tag ein Minzespielzeug mit. Am nächsten Tag wegräumen und Pingpongbälle anbieten usw. Jeden Tag ein neues Spielzeug reichen und das alte wegräumen. Ein Mal in der Woche statt Spielzeug eine große Papiertüte mit getrockneter Katzenminze in der Wohnung lassen.

✔ Nachts eine Lampe brennen lassen.

✔ Jeden zweiten Tag das Radio leise spielen lassen.

Der Speiseplan in der Natur ist immer gleich. In den Beutetieren findet die Katze alle Nährstoffe, die für ihre Gesundheit wichtig sind.

Verhaltensproblemen vorbeugen

Für eine Katze ist Kratzen, Urinmarkieren usw. normales Verhalten. Sie versteht nicht, dass es unerwünscht ist und sie dafür bestraft wird, weil sie es an einer für Sie falschen Stelle erledigt. Die Katze glaubt vielmehr, sie solle ihr normales Verhalten unterlassen. Da das nicht möglich ist, wird sie es weiter tun, wo sie will, aber darauf achten, dass Sie es nicht sehen.
Sie beugen Verhaltensproblemen besser vor, wenn Sie der Katze von Anfang an eine artgerechte und für sie interessante Umgebung bieten, ihr die Hausregeln beibringen, bei Verboten konsequent bleiben, sie für richtiges Verhalten belohnen und unerwünschtes durch Ablenkung vermeiden (→ Erziehung, Seite 21-35).

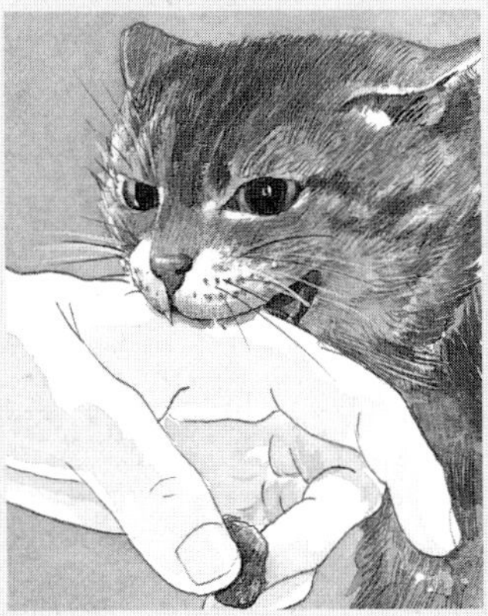

Die Katze muss lernen, dass die Hand kein Spielzeug ist.

An unerwünschten Orten klettern

Wenn ein Kätzchen ins Haus kommt, sollten Sie feine Gardinen gegen unempfindlichere austauschen, solange bis es gelernt hat, dass es daran nicht hochklettern darf. Katzengerechte Klettermöglichkeiten anbieten. Dem Kätzchen von Anfang an beibringen, dass Gardinen tabu sind. Konsequent bleiben. Steuert es auf die Gardinen zu, ablenken und zum Kletterbaum locken. Danach loben. Hängt das Kätzchen bereits an der Gardine, ein weiches Sofakissen so werfen, dass es neben ihm landet. Das Tier erschrickt und wird das Klettern bald sein lassen.

Kratzen und Beißen beim Spielen

✔ Ziehen Sie die Hand nicht weg, sondern schieben Sie sie der Katze zu. Das verblüfft sie, weil sich die Hand nicht wie eine Beute verhält.

✔ Fiepen Sie wie ein Kätzchen, und unterbrechen Sie sofort das Spiel.

✔ Pusten Sie ihr kräftig ins Gesicht; das ist wie angefaucht werden. Damit geben Sie zu verstehen, dass Sie sie missbilligen. Danach eine Weile ignorieren.

Streu stimmt nicht

Wenn die Katze die Toilette verschmäht und ihr Geschäft lieber woanders erledigt, kann es an der Streu liegen. Vielleicht haben Sie kürzlich die Streusorte gewechselt. Die neue Streu fühlt sich nicht gut an oder ist zu parfümiert. Sie bildet keine Klumpen. Der Urin läuft durch und bleibt am Boden des Klos stehen. Es ist zu wenig Streu drin. Stellen sie die Ursache ab, und belohnen Sie die Katze immer, wenn sie ihr Klo benutzt.

Auch kastrierte Katzen können ihr Revier mit Urin markieren, wenn sie sich plötzlich unsicher fühlen.

Schlechte Tischmanieren

Manchmal spielt die Katze mit Futterbröckchen. Sie schleudert sie hoch oder trägt sie durch die Gegend. Das ist dann ein Zeichen dafür, dass sie keinen Hunger hat, sondern das Futter dazu benutzt, um ihren Spiel- und Jagdtrieb zu befriedigen. Führen Sie regelmäßige Mahlzeiten ein. Geben Sie zwischendurch keine Leckerlis, damit die Katze auf ihr Futter auch wirklich Hunger hat. Bieten Sie ihr vielmehr kleine, leichte Spielsachen zum Herumtragen an, zum Beispiel Fellmäuse, Katzenminzesäckchen oder Bällchen und spielen Sie öfter mit ihr.

Katzenmassage

(Therapeutic Touch »T-Touch«)

Zärtliche Berührungen und sanftes Massieren beruhigen das Tier und beseitigen Stress. Und so wird's gemacht:

✔ Mit den Fingerspitzen in kreisförmigen Bewegungen den Körper massieren und dabei einen leichten, sanften Druck ausüben.

✔ Die drei mittleren Finger benutzen.

✔ Den Kreis im Uhrzeigersinn ausführen (bei 6 Uhr beginnen, bis 9 Uhr ziehen = $1^1/_4$ Kreis).

✔ Am Anfang 1 Sekunde pro Kreis. Entspannt sich die Katze, das Tempo verlangsamen bis 2 Sekunden pro Kreis.

✔ Nur einen Kreis pro Stelle, danach kurze Pause und an anderer Stelle weiterfahren.

✔ Ohren zwischen Daumen und Zeigefinger nehmen und federleicht massieren.

✔ Der Katze mit ruhiger leiser Stimme zureden und ihr erklären, was Sie machen.

Einen Suppenkasper erziehen Sie sich, wenn Sie das Futter zur ständigen Verfügung halten und jedes Mal etwas anderes in den Napf füllen.

REGISTER

Die halbfett gesetzten Seitenzahlen verweisen auf Farbfotos und Zeichnungen.

Mit Schaumstoffbällen kann Kätzchen wunderbar spielen.

Adressen

• Fédération Internationale Féline (FIFe), Little Dene Lenham Heath Maidstone, Kent ME 17 2 BS, Großbritannien

• 1. Deutscher Edelkatzenzüchterverband (1. DEKZV), Berliner Str. 13, 35614 Aßlar

• Deutsche Rassekatzen Union e.V. (DRU), Hauptstr. 56, 56814 Landkern

• Österreichischer Verband für die Zucht und Haltung von Edelkatzen (ÖVEK), Liechtensteinstr. 126, A-1090 Wien

• Fédération Féline Helvetique (FFH), Denise Kölz, Solothurner Str. 83, CH-4053 Basel

Anschriften von Katzenclubs und -vereinen können Sie bei den vorgenannten Verbänden erfragen.

Fragen zu Katzen beantworten auch

Ihr Zoofachhändler und der Zentralverband Zoologischer Fachbetriebe Deutschlands e.V., 63225 Langen, Tel.: 06103-910732 (nur telefonische Auskunft)

Krankenversicherung

• AGILA Haustierkrankenversicherungs AG, Breitestr. 6-8, 30159 Hannover
• Uelzener Allgemeine Versicherungsgesellschaft AG, Postfach 2163, 29511 Uelzen

Registrierung von Katzen

• Haustier-Zentralregister für die BRD e.V. TASSO, Postfach 1423, 65783 Hattersheim, Tel. 06190-4088
• IFTA, Internationale Zentrale Tierregistrierung, Weiherstraße 8, 88145 Hergatz, Tel. 0180-5213402

Wer seine Katze vor Tierfängern und dem Tod im Versuchslabor schützen will, kann sie hier registrieren lassen. Die Eintragung sowie die computergesteuerte Suche bei Vermisstenmeldung sind kostenlos.

Bücher

• Behrend, Katrin: Katzen, Gräfe und Unzer Verlag, München

• Behrend, Katrin: Wohnungskatzen. Gräfe und Unzer Verlag, München

• Deiser, Rudolf: NaturheilPraxis Katzen. Gräfe und Unzer Verlag, München

• Hart B.L. u. L.A.: Verhaltenstherapie bei Hund und Katze. Ferdinand Enke Verlag, Stuttgart

• Johnson, Pam: Katzenpsychologie. Kosmos-Verlag, Stuttgart

• Leyhausen, Paul: Katzenseele. Kosmos-Verlag, Stuttgart

• Müller, Ulrike: Mein Heimtier: Die Katze. Gräfe und Unzer Verlag, München

• Müller, U. u. H.A.: Die kranke Katze. Gräfe und Unzer Verlag, München

• Sistonen-Schasche, Elina: Leckeres für Katzenzungen. Gräfe und Unzer Verlag, München

• Tellington-Jones, L. u. Taylor, S.: Der neue Weg im Umgang mit Tieren. Kosmos-Verlag, Stuttgart

• Waniorek, Linda: Wenn meine Katze älter wird. Gräfe und Unzer Verlag, München

Zeitschriften

• die edelkatze. Illustrierte Fachzeitschrift für Katzenfreunde. Verbandszeitschrift des 1. DEKZV, Berliner Str. 13, 35614 Aßlar

• Katzen. Herausgeber: Deutsche Rassekatzen-Union e. V. (DRU), Hauptstr. 56, 56814 Landkern

• Katzen extra. Sieglers Symposion Tierzeitschriften Verlag, Postfach 610265, 70309 Stuttgart

• Das Tier. Egmont Ehapa Verlag, Im Lindenberg 54, 70771 Leinfelden-Echterdingen

Dank

Mein Dank gilt dem größten Katzenfreund Wolfgang Franzen. Ohne seine Unterstützung wäre das Buch nie entstanden.

Die Fotografen

Bilder Pur/Klein, Hubert: Seite 29, 36, U4; Binder: Seite 16 u.li., 24 (kleines Foto); Cogis/Varin: Seite 16 mi.re.; Juniors/Born: Seite 8, 40, 41, 45; Juniors/Botzenhardt: Seite 33; Juniors/Kolmikow: Seite 6/7; Juniors/Liebold: Seite 13; Juniors/Schanz: Seite 2/3, 17 mi.re., u.li., 48, 52; Juniors/Wegler: Seite U1 (kleines Foto), 4/5, 9, 17 o., mi.li., u.re., 20, 25, 28, 44, 56, 57; Kuhn: Seite 16 o.re., 21, 37, 61; Schanz: Seite U1 (großes Foto), U2, 12, 16 mi.li., 24 (großes Foto), 49, 53, 64/U3; Verein Deutscher Katzenfreunde: Seite 32.

Das Original mit Garantie

Ihre Meinung ist uns wichtig. Deshalb möchten wir Ihre Kritik, gerne aber auch Ihr Lob erfahren. Um als führender Ratgeberverlag für Sie noch besser zu werden. Darum: Schreiben Sie uns! Wir freuen uns auf Ihre Post und wünschen Ihnen viel Spaß mit Ihrem GU-Ratgeber.

Unsere Garantie: Sollte ein GU-Ratgeber einmal einen Fehler enthalten, schicken Sie uns bitte das Buch mit einem kleinen Hinweis und der Quittung innerhalb von sechs Monaten nach dem Kauf zurück.
Wir tauschen Ihnen den GU-Ratgeber gegen einen anderen zum gleichen oder ähnlichen Thema um.

Ihr Gräfe und Unzer Verlag
Redaktion Natur
Postfach 860325
81630 München
Fax: 089/41981-113
e-mail:
leserservice@graefe-und-unzer.de

Die Autorin

Elina Sistonen hat sich auf Katzenernährung und -verhaltensproblematik spezialisiert.
Ihre fundierte Wissensgrundlage, die sie sich bei amerikanischen Wissenschaftlern erwarb, erprobte und vertiefte sie mit Erfolg bei ihrer praktischen Arbeit als Katzenernährungsberaterin. Sie wohnt in München, hat seit 8 Jahren eine kleine Maine Coon Hobbyzucht und betreibt das Fachgeschäft CATS' COUNTRY Spezialist in Fragen der gesunden Katzenernährung.
Albert-Roßhaupter-Str. 96,
81369 München,
Tel: 089-74372 533
Fax: -74372 535

Der Zeichner

György Jankovics studierte Grafik an den Kunstakademien von Budapest und Hamburg. Für viele Titel bei GU und weiteren angesehenen Verlagen lieferte er bereits Zeichnungen zu Tier- und Pflanzenthemen.

Fotos: Buchumschlag und Innenteil

Umschlagvorderseite: Naschkatze (großes Foto), Katze und Aquarium (kleines Foto).
Umschlagrückseite: Strickzeug ist tabu.
Seite 1: Ruheplatz im Wäscheschrank - erlaubt?
Seite 2/3: Konzentriert und doch entspannt.
Seite 4/5: Akrobatin auf dem Zaun.
Seite 6/7: Wollfäden sind schön zum Spielen.
Seite 64: Geschenkpapier raschelt so aufregend.

Impressum

Redaktion: Sabine Schulz, Katrin Behrend
Umschlaggestaltung und Layout: Heinz Kraxenberger
Herstellung: Heide Blut, Verena Römer
Satz: Heide Blut
Reproduktion: Penta Repro
Druck und Bindung: Stürtz
Printed in Germany

ISBN 3-7742-1887-0

Auflage	4.	3.	2.	1.
Jahr	03	02	01	2000

EXPERTEN-RAT

1 **Man sagt, dass Katzen falsch seien. Stimmt das?**

Nein, denn sie drücken ihre Stimmungen mit Hilfe der Körpersprache sehr deutlich aus.

2 **Meine Katze ist unsauber – was kann ich tun?**

Versuchen Sie, die Ursache herauszufinden und sie zu beseitigen (→ Seite 48).

3 **Ich habe einen Kratzbaum gekauft, aber die Katze ignoriert ihn. Was muss ich tun, damit sie ihn benutzt?**

Überprüfen Sie, ob er richtig platziert ist, ob die Materialien, aus dem der Baum besteht, der Katze gefallen, ob er nicht wackelt.

4 **Empfiehlt es sich, eine oder zwei Katzen zu nehmen?**

Zwei Katzen sind immer besser als eine. In Gesellschaft fühlen sie sich am wohlsten.

5 **Meine Katze lauert mir auf und beißt mich in die Füße. Wie kann ich ihr das abgewöhnen?**

Spielen Sie mit ihr täglich. Bieten Sie ihr eine Kratz- und Kletterlandschaft an. Geben Sie ihr einen Spielkameraden.

Die Expertin gibt Antwort auf die 10 häufigsten Fragen zur Katzenhaltung.